AI 시대 강자로 살아남는 법

불확실성을 뛰어넘는 가장 강력한 생존 전략

AI시대 강자로 살아남는 법

리샹룽 지음 ── 하은지 옮김

알토북스

오늘의 문제는
오늘의 시선으로 해결할 수 없다

최근 들어 AI는 가히 놀라운 속도로 빠르게 우리 삶 구석구석에 들어와 세상의 규칙들을 새롭게 재편하고 있다. 안타깝게도 이러한 변화 속에서 길을 잃어버린 아이처럼 걱정에 휩싸여 주저앉아 버리는 청년이 점점 늘어나고 있다.

걱정거리는 다양하다. 사는 게 너무 힘들어 잠시 숨을 고르는 사이, 혹시나 시대에 뒤처지면 어쩌나 하는 걱정, 아무리 노력해도 길이 보이지 않는 상황에서 혹시나 내가 헛된 노력을 하며 시간을 허비한 건 아닌가 하는 걱정, 자유롭고 개성 넘치는 삶을 갈망하지만, 현실에 조용히 순응하며 사는 것에 대한 답답함….

어쩌면 그들은 매일, 끊임없이 이러한 질문을 던질지 모른다.

"대체 출구는 어디 있는 걸까? 있기나 한 걸까? 어떻게 해야 나에게 맞는 길을 찾을 수 있을까?"

젊은 시절, 나 역시 그 질문에 대한 답을 찾기 위해 무던히 노력했다. 지난 일 년 동안 AI 업계의 선배들과 교류하면서 조금씩 미래가 보이기 시작했다.

2023년, 나는 캐나다로 건너가 공부를 시작했다. 삶의 모든 것이 통째로 바뀌었고, 덕분에 나 자신과 대화할 시간이 많아졌다. 나는 외향적인 '사교형 인간'에서 혼자 생각하고 고민하는 '사고형 인간'으로 바뀌었다. 매일의 루틴은 매우 단순했다. 학교에서 강의를 듣고 토론하고, 수업이 끝나면 혼자 해변을 걷다가 멍하니 하늘을 보거나 파도치는 바다를 바라보며 시간을 보냈다. 눈 깜짝할 사이, 그렇게 일 년이 지나갔고, 그동안 나의 마음과 생각에는 커다란 변화가 일어났다.

얼마 전, 오랜 친구와 전화 통화를 하는데 녀석이 이런 말을 했다. "야, 너는 어째 미래에서 온 사람 같다? 미래에 일어날 문제를 먼저 보고, 현재로 돌아와서 해결책을 내놓는 느낌이야." 그리고 이어서 덧붙인 말이 오랫동안 내 가슴을 울렸다.

"맞아. 오늘의 문제는 절대 오늘의 시선으로 들여다봐선 해결이 안 되지. 내일의 시선으로 고개를 돌려봐야 답이 나오는 거야."

그때 깨달았다. 지금, 현재의 문제를 해결하고자 한다면 반드시 더 높이, 더 먼 곳에 서서 바라봐야 한다는 걸. 지금의 시선으로 지금의 문제를 바라보면 해결책은 보이지 않는다. 문제만 더 커 보일 뿐. 그러나 내일의 시선에서 지금의 문제를 보면 해결책이 보이기 시작한다.

지난 일 년을 돌아봤을 때 내가 가장 잘한 일은 뭐니 뭐니 해도 베이징에서의 삶을 포기하고 캐나다로 떠나온 것이다. 지금 와서 생각하면 과거에 소위 내가 '일궈냈던 것'들은 진정으로 가진 것이 아니었다. 용기를 내어 앞으로 내디딘 한 걸음을 통해 나는 완전히 다른 세상을 보게 되었다.

이 책은 지난 일 년간 치열하게 고민하고 생각했던 것들을 정리한 '따끈따끈한' 신상 기록이다. 책에는 미래에 관한 이야기가 많이 담겨 있다. 첫 장부터 '개인의 서사'가 아닌 '시대의 서사'를 풀어낸 이유는 시대의 흐름을 읽을 줄 알아야 개인의 노력도 의미 있다고 생각했기 때문이다.

장거리 여행을 생각해 보라. 아무리 비싸고 좋은 차라도 처음부터 방향을 잘못 잡고 길을 들어서면 목적지에 도달할 수 없다. 갈수록 헤맬 뿐이다. 그러나 방향만 잘 잡으면 아무리 느려도 언젠가는 목적지에 도달한다. 물론 길을 똑바로 가고 있는 사람 중에도 고속도로로 편하게 달리는 사람이 있는가 하면, 좁은 국도에 올라 번번이 신호에 걸리고, 속도 한 번 제대로 내지 못하는 사람이 있다.

그래서 깨달았다. 현명한 선택이 노력보다도 훨씬 중요하다는 사실을.

한때 '노력'을 강조한 적이 있었다. 사람들에게, 청년들에게 쉬지 않고 노력해야 한다고 말했었다. 심지어 스물네 살에 『당신은 겉보기에 노력하고 있을 뿐』(북플라자, 2016)이라는 책을 내기도 했다. 그렇지만 지금은 노력보다 더 중요한 게 바로 '선택'이라는 점을 강조하고 싶다. 노력을 부정하는 게 아니다. 다만 우리가 사는 이 시대에 거대한 변화가 일어났다는 점을 인지해야 한다. 한 업계나 시대적 흐름에 큰 변화가 일어나기 시작하면 개인의 노력만으로는 그것을 바꾸기 어렵다.

지난 일 년간 참 많은 일을 겪었다. 대중의 눈에도 그런 나의 삶과 감정의 변화들이 고스란히 보였으리라. '카오충考蟲[1]'의 마지막을 고하는 글을 끝으로 나는 창업에 뛰어들었던 청춘과 이별했다. 스물네 살에 사업을 시작해 서른네 살에 비통한 마음으로 무대를 내려오며 나는 확실히 깨달았다. 한 업계의 운명이 막을 내리면 수많은 사람이 갈 길을 잃는다. 그러나 그중에서도 유일하게 앞으로 나아가는 자만이 새로운 희망을 발견한다.

서른네 살이 된 나는 지금 밴쿠버 도심에서 한 시간 정도 떨어진 조그만 해안 도시 화이트록에 살면서 주로 혼자 바닷가를 산책한다. 한적하고 인적이 드문 이곳 해변에 앉아, 바다 위로 하얗게 부서져 내려앉은 햇빛이 잔물결을 따라 반짝반짝 빛나며 움직이는 모습을 바라본다. 멍하니 그 모습을 보고 있다가 문득 그런 생각이 들었다. '10년 뒤의 나는 어떤 모습일까? 정말로 평행이론이라는 게 존재한다면, 마흔네 살의 나는 서른네 살의 나에게 어떤 얘기를 들려

---

[1] 중국 대학생들을 위한 원스톱 커리큘럼 플랫폼. 2015년부터 서비스를 시작해 중국 대학생들의 영어 자격시험과 석사 시험, 토플(TOEFL) 등과 관련한 각종 온라인 및 오프라인 강의와 교재 서비스를 제공했으나 2024년 운영을 종료했다.

줄까?' 아마도 나는 이렇게 얘기할 것 같았다.

"미래를 보려고 노력해 봐. 마흔이 되면 알게 될 거야. 네가 사는
세상이 이전과는 완전히 다르다는 걸."

인공지능의 세상이 왔다. 범용 인공지능Artificial General Intelligence:
AGI이 이미 두각을 드러냈고, 초지능 인공지능Artificial Super Intelligence:
ASI의 시대 역시 빠르게 도래하고 있다. 시간이 더 지나면 인류는 AI
앞에서 무력해 보일 수도, 심지어 아예 쓸모없어 보일 수도 있다. 더
이상 부를 창출할 필요도 없고, 그저 부를 소진하기만 하는 시대가 올
지도 모른다. 어쩌면 인공지능이 인류에게 돈을 지불하는 주체가 될
수도 있고, 나아가 의료 기술이나 편집, 나노 기술의 발달로 인류는
불멸의 영생을 얻게 될 수도 있다. 이러한 미래가 기괴하고 불가사의
하게 느껴질 수도 있지만, 또 한편으로 생각하면 희망으로 가득하다.

그러니 지금 우리가 할 수 있는 일은 그저 '사는 것'이다. 즐거움
과 고통을 생생히 느끼는 것, 그것이야말로 미래에 인류가 존재하는
유일한 의미가 될지도 모른다. 어쩌면 미래에는 태양의 광선이나 바
다의 소리를 통해 과거의 나에게 메시지를 전달할 수 있지 않을까
하는 생각을 해본다. 물론 그 전달 방식을 완벽히 이해할 수는 없지
만, 어쨌든 핵심은 하나다. '미래에 희망이 있다는 것'.

결국 현재 당신이 처한 문제를 해결하려면 지금의 능력으로는 역
부족이다. 미래를 향한 통찰과 지혜로 해결해야 한다.

북미에서 지내는 일 년 동안 나는 개인의 감정 기복보다는 시대

의 큰 흐름과 추이에 집중할 수 있었다. 만일 다시 스물네 살로 돌아갈 수 있다면, 책상 위 스탠드 조명을 켜고 열심히 『당신은 겉보기에 노력하고 있을 뿐』을 쓰고 있는 내게 이렇게 말해 주고 싶다.

"살아. 서른네 살까지 열심히 살아내. 앞으로 10년 동안 세상엔 천지개벽과 같은 변화가 일어날 거야. 아무리 힘들어도, 아무리 큰 좌절을 만나 무너진다고 해도 일단 살아. 살아내기만 하면 새로운 세상을 볼 수 있어."

이 책을 통해 여러분이 조금 더 앞서서 세상을 볼 수 있게 되길 바란다. 미래의 시선으로 현재를 바라보고, 현재에 서서 과거를 돌아보면 수많은 문제의 해결책을 찾을 수 있을 것이다. 나의 모든 생각과 마음을 가감 없이, 허심탄회하게 이 책에 담았다. 미래에 기대와 희망을 품은 모든 이에게 이 책을 바친다.

살아내길 바란다. 당신은 더 멀리, 더 높이 날 수 있다.
그러나 문득문득, 한 번씩 뒤돌아보는 것도 잊지 말기를. 당신의 행복과 평안을 빈다.

저자 리샹룽

목차

인맥 편
당신이 누구를 아는가보다
'누가 당신을 아는가'가 훨씬 중요하다

생활 편
진정한 강자는 자신을 소모하지 않는다

기회 편

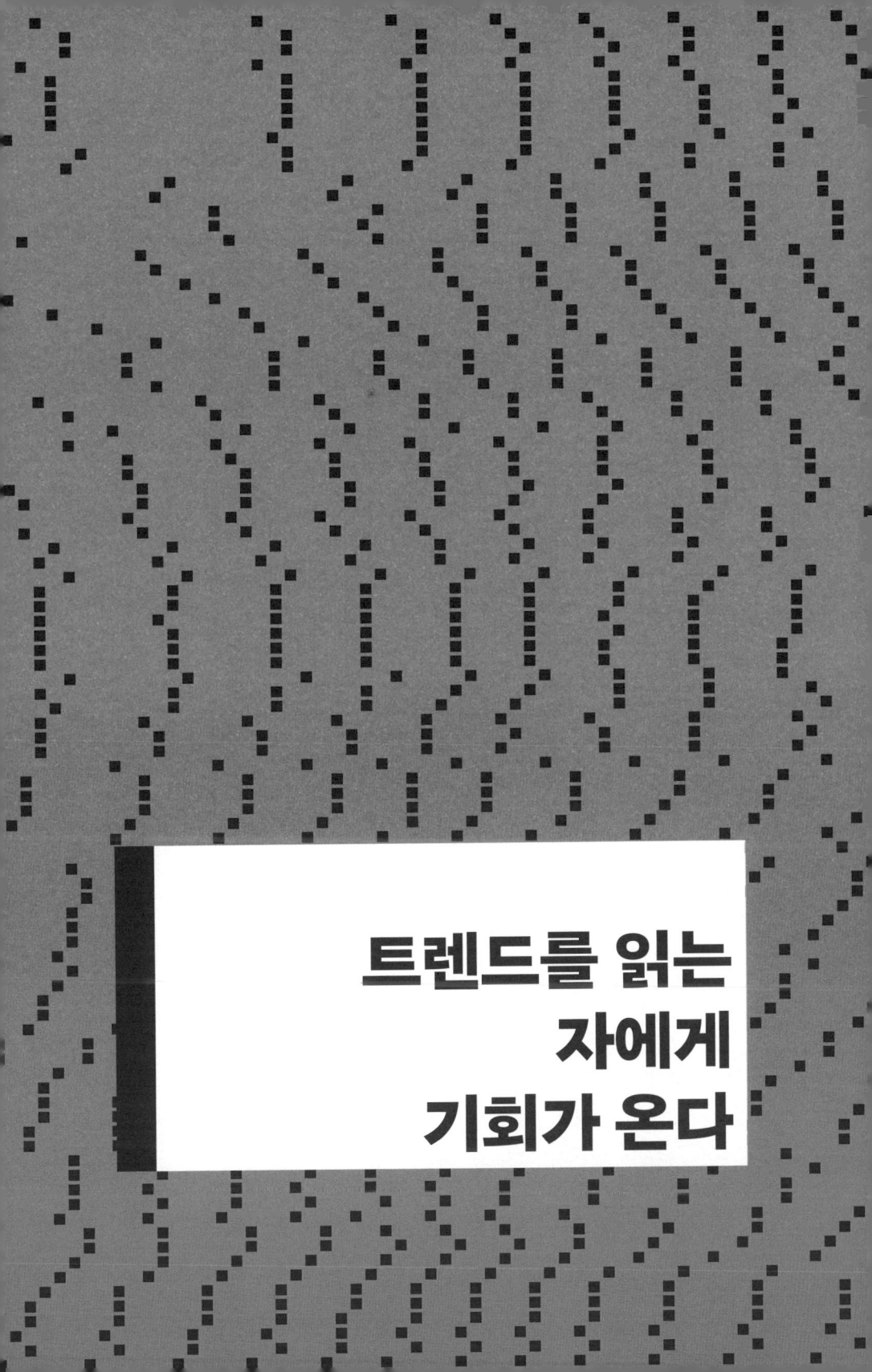

트렌드를 읽는
자에게
기회가 온다

찰나에 모든 것이 변하는 시대,
중요한 것은 무분별하게 대세를 따르는 게 아니라,
트렌드 속에서 변하지 않는 가치를 찾아내는 것이다.

끝이 보이지 않은
경쟁의 시대,
우리는 어디로 가야 할까?

오랜 기간, 사람들이 모이면 늘 화두에 올리는 주제가 하나 있다.

"청년들의 미래는 어디 있는가?"

청년들도, 부모도 모두 그 걱정에 매여 살아간다. 특히 지금처럼 경쟁이 치열한 시대에, 자고 일어나면 바뀌어 있는 세상 속에서 청년들이 가야 할 길은 대체 어디 있는지 알지 못해 늘 불안하고 답답하다.

개인적으로 청년들에게 '미래'에 관해 얘기하는 것이 굉장히 조심스럽다. 미래를 그려보라고 하면 대부분 느끼는 게 비슷하다. 막

연함, 막막함. 그런데 미래를 그리려면, 그것도 '아름다운 미래'를 그리려면 전제조건이 하나 있다. 미래에 대한 방향이 명확해야 한다. 그렇지만 현실은 불확실성으로 가득하다. 우리의 미래는 희뿌연 안개 속에 갇혀 있는 듯, 앞이 잘 보이지 않는다.

어떻게 해야 할까? 나는 언제나 다음의 세 가지 부분에서 답을 찾고자 했다.

정책 트렌드를 살필 것, 현재에 충실할 것, 내가 좋아하고 잘하는 일을 파악할 것. 이번 장에서는 여러분의 이해를 돕기 위해 내 이야기를 해보고자 한다. 지금의 내가 있기까지 다음의 세 가지 방법이 많은 도움이 되었다.

첫째, 정책 트렌드를 살피자

앞길이 도저히 보이지 않을 때는 두 가지를 살펴보자. 먼저 정부의 업무 계획이다. 매년 발표하는 정부의 업무 계획에는 향후 몇 년간의 돈의 흐름과 인력 및 자원 배분의 방향이 담겨 있다. 매해 이 업무 계획을 발표하지만, 관심 갖고 지켜보는 사람은 거의 없다. 여기서 팁을 하나 주자면 '인공지능을 활용한 정리법'이다. 업무 계획의 전체 내용을 자세히 읽을 시간이 없다면, 문서를 다운받은 후 챗GPT[1]에 넘기고 이렇게 질문해 보자. "이 업무 계획을 바탕으로 내가 계발할 수 있는 커리어는 뭘까?"

쉬운 예로 내 얘기를 해보자. 나는 영어 강사다. 정부가 업무 계

---

1 오픈 AI에서 개발한 GPT를 기반으로 하는 대화형 인공지능 서비스.

획을 발표하고 나면 나는 챗GPT에 이렇게 묻는다. "앞으로 내가 도태되지 않으려면 어떤 노력을 하는 게 좋을까?" 이러한 질의응답 과정에서 나는 점차 명확히 깨닫는다. 이제 더는 '영어 강사'라는 하나의 신분에만 머무를 수 없다. 앞으로 모든 지식은 '무료화' 서비스로 전환될 것이며, 교육의 평등화는 필연적인 추세다.

나는 중국의 최대 영어 교육 기업 신둥팡新東方, 뉴오리엔탈그룹을 퇴사한 뒤 대학생 전용 커리큘럼 플랫폼 '카오충'을 설립했다. 내가 과감하게 이런 결정을 할 수 있었던 이유는 바로 정부의 업무 계획을 정독하고 연구했기 때문이다. 혹시 어디서부터 계획을 세워야 할지 도저히 모르겠다면, 정부의 정책을 자신의 특기나 전공, 커리어와 연계시켜 방향을 잡아보길 바란다.

정부의 업무 계획 말고 참고할 수 있는 또 다른 중요한 지표는 바로 중앙은행의 대차대조표다. 인터넷에는 대차대조표에 관한 해석과 리뷰가 수없이 올라와 있다. 그러나 아마 대다수는 금융 경제를 전문적으로 공부한 사람은 아닐 테니, 여기서는 경제 이론을 장황하게 설명하지 않으려 한다. 그러나 한 가지 장담할 수 있는 건 모든 돈, 즉 주식시장의 흐름이나 자원, 자금의 흐름이 모두 이 대차대조표 안에 숨어 있다는 것이다. 이 대차대조표를 볼 줄 알아야 향후 자금의 향방을 파악할 수 있다.

둘째, 지금, 현재를 보라

향후 정책의 방향과 추이를 알았다면 이제 할 일은 '지금'을 살아내는 것이다. 5년, 10년의 장기적인 비전을 세울 필요는 없다. 이 시대는 우리가 상상하는 것 그 이상의 속도로 변하고 있기 때문이다. 실리콘 밸리에 여행 간지 3일째 되던 날, 친구를 만나 새롭게 주목받는 직업, 'AI 컨설턴트'에 관한 이야기를 들었다. 흥미로운 건 주요 고객층이 기업 CEO인데, 감원 대상자는 누구인지, 구조 조정이 필요한 조직은 어디인지, 계속 투자해도 좋은 사업은 무엇인지, 회사 조직은 어떻게 정리해야 하는지 등이 컨설팅의 주 내용이라고 했다.

처음 이 사실을 알게 되었을 때는 다소 충격적이었다. 이러한 일은 원래 기업 컨설팅 회사의 주요 업무였기 때문이다. 그런데 지금은 AI 도구만 잘 사용할 줄 알면 그 즉시 구체적인 답을 얻을 수 있다. 심지어 챗GPT를 활용하면 회사 고객센터에서 상담원이 고객에게 응대한 내용을 모두 텍스트로 전환해 기록할 수도 있다고 했다.

미국의 여론조사 기관, 퓨 리서치 센터Pew Research Center의 예측에 따르면 2035년까지 디지털 기술 및 AI 기술의 발전으로 이제껏 보지 못했던 직업이 급격히 늘어날 것이라고 한다. 주로 AI의 개발·관리·응용과 관련한 직업이 중심이 될 것이며, 기술 발전에 따라 다양한 사회·윤리적 문제를 다루는 직업도 등장할 가능성이 있다. 다만 현재로서는 이러한 직업을 찾아보기 어렵다.

세계경제포럼WEF에서 발표한 <미래 직업 리포트 2025>의 내용은 한층 더 대담하다. 2025년에는 약 85%가 현재에는 없는, 완전히 새로운 직업으로 대체될 것이며, 이는 'AI 및 로봇 자동화 기술, 기타 첨단 기술 발전의 영향'이라고 분석한다.

앞길이 막막하고 막연하다면 하나만 기억하면 된다. **너무 멀리 볼 필요 없다. 향후 추이를 살피되 지금, 현재를 충실하게 살아내야 한다.** 오늘을 성실하게 잘 살아낸 사람만이 내일 갑자기 무너지지 않는다. 지금 우리가 사는 시대는 좋은 습관을 길러낸 사람에게 기회를 준다. 운명이 아니라 습관이 삶을 바꾸는 세상이다.

나를 봐도 그렇다. 세상은 계속 변하지만, 나는 아침마다 컴퓨터 앞에 앉아 2천 자 분량의 글을 쓴다. 거의 10년 동안 유지한 루틴이다. 그렇게 끊임없이 글을 쓴 덕분에 매년 새로운 책을 출간할 수 있었다. 아무리 작은 습관도 절대 무시하지 말라. 낙숫물이 바윗돌을 뚫는 법이다. 나는 한 번도 '내 책이 베스트셀러에 오를 수 있을까?'를 생각하며 글을 쓴 적이 없다. 다만 '오늘, 최선을 다해 글을 썼는가?'에만 집중했다. 좋은 습관을 만들어 10년을 하루처럼 꾸준히 유지하도록 하라.

보이지 않는 미래 때문에 걱정하고 힘들어하는 청년들에게 꼭 해주고 싶은 말이 있다.

세상 모든 견해나 평가는 결국 사라진다. 영원한 건 없다. 나와 평생을 함께하는 건 누군가의 잣대나 평가가 아닌 과감한 시도와 경험이다. 지금 내가 하는 모든 걱정과 근심은 전부 상상에서 비롯한 것이다. 상상을 내려놓고 지금 당장 행동하라. 그러면 근심의 자리에 즐거움과 만족감이 채워질 것이다. 잡념에 휩싸이지 말자. 자리에서 일어나 뭐라도 해야 한다. '현재'가 당신의 인생에 가장 좋은 날이자 가장 좋은 시기이다.

이 문장을 쓰던 시기, 한창 사철생史鐵生[2] 선생의 책을 읽는 중이었다. 이유는 모르겠으나 해를 거듭해 나이가 들수록 그의 글이 점점 더 좋아진다. 그중에서도 오랫동안 여운을 주던 문장이 있다.

"사지가 멀쩡하고 건강할 때는 불평불만이 많았다. 주변 환경을 탓하고 남을 원망했다. 몸이 아프고 다리를 마음대로 움직일 수 없게 되자, 마음껏 걷고 뛰던 그 시절이 사무치게 그리워졌다. 몇 년 뒤, 온몸에 욕창이 나자 휠체어에 똑바로 앉을 수 있던 2년 전으로 돌아가고 싶었다. 요독증을 얻게 되자 욕창이 났던 그 시절이 미치도록 그리웠다. 신장 투석을 받으면서 맑은 정신으로 깨어 있는 날이 얼마 되지 않았을 때는 요독증을 얻었던 그때가 서럽도록 그리워졌다."

현재를 산다는 건 중요하다. 지금, 이 순간 당신의 호흡에, 살아

---

2 중국의 소설가이자 산문가, 희곡작가. 베이징 국립 칭화대학 부속 중학교 졸업 후 문화대혁명 당시 중국 정부가 시행한 하방운동(농민에게 혁명사상을 배운다는 명목으로 도시 청년을 농촌이나 산촌 벽지로 보내 노동을 시킨 사회운동)에 따라 산시성 옌안의 척박한 산촌에서 '생산대' 생활을 하였다. 이때의 가혹한 노동으로 척추 통증과 하지 마비 증세가 나타나 20세에 휠체어 생활을 하게 된다. 1979년에 첫 번째 소설 『법학 교수와 그 부인』을 발표했고, 소설 『현 위의 인생』은 천카이거 감독의 영화화로 전 세계에 널리 알려졌다. 이후 발표한 많은 작품으로 루쉰문학상 및 라오서문학상 등 중국의 유수 문학상을 수상했고, 세계적으로도 영어, 불어, 일어로 출간되었다.

있음에 감사하자. 그러면 당신의 삶이 훨씬 나아질 것이다.

셋째, 내가 정말로 좋아하고 잘하는 일을 찾아보자

로스앤젤레스에서 알게 되어 친하게 지내는 한 가정이 있다. 그집 딸은 현지 대학에서 예술을 전공한다. 한번은 그 딸이 내게 전화를 걸어왔다. 뭔가 할 말이 있는 것 같은데 쉽사리 입 밖으로 꺼내지 못하는 눈치였다. 한참 뒤 그녀가 물었다. "저…. 만약에, 만약에 말이에요. 제가 정말 아무것도 할 수 없다면. 성공도 못 하고, 돈도 못벌고. 그냥 시간만 축내고 인생을 허비하게 된다면…. 그러면 어떡하죠? 저는 실패한 인간이 되는 거겠죠?"

한동안 침묵이 이어졌다. 그리고, 왜 그랬는지는 모르지만, 그 순간 내 입에서 이런 말이 튀어나왔다.

"성공의 기준은 딱 하나야. 네가 정말 좋아하는 사람과 좋아하는 일에 평생 어느 만큼의 시간을 투자했느냐, 그거 하나만 보면돼."

사실 나도 어릴 땐 그렇게 생각하지 않았다. 그래서 어떤 책에는 이렇게 쓰기도 했다. "진정한 행복은 자신이 원하는 대로 사는 인생에서 얻을 수 있다." 하지만 시간이 지나고 나이가 들면서, '내가 원하는 것'은 언제든 바뀔 수 있다는 걸 알게 되었다. 지금은 예전과 생각이 다르다. 그래서 내가 썼던 문장을 이렇게 수정하고 싶다.

"진정한 행복은 내가 사랑하는 사람과 좋아하는 일을 하는 것, 그것에 내 일생을 쏟아붓는 것이다."

그런데 안타깝게도 대다수는, 특히 젊은 친구들은 본인이 정말 좋아하는 것이 무엇인지 잘 모른다. 나의 판단 기준은 아주 간단하다. 잘 모르겠으면 일단 시도해 보는 것이다. 시도를 해봐야 본인이 뭘 좋아하고 싫어하는지 알 수 있다. "아니…" "근데…" "하지만…" 등의 말은 접어두도록 하자.

내가 좋아하는 일이 무엇인지 찾으려면 두 가지 질문을 해보는 게 좋다.

첫째, "모든 외부적 요인, 이를테면 돈, 인간관계, 체면 등의 문제를 배제했을 때 내가 제일 하고 싶은 일이 뭘까?"

둘째, "어릴 때부터 한결같이 순식간에 몰입하게 되는 일, 그걸 하면 자부심이 느껴지고 나 자신이 좋아지는 일, 그리고 하나도 힘들게 느껴지지 않던 그 일이 뭘까?"

아무리 생각해도 도저히 모르겠다면 부모님이나 친한 친구들에게 물어보자. 그들 눈에 당신이 무엇을 할 때 가장 즐거워 보이는지, 무엇을 할 때 생기가 돋고 얼굴에 미소가 지어지는지 물어보자. 그게 바로 당신이 가장 좋아하는 일일 가능성이 크다.

특별히 여기서 알아둘 점이 있다. 당신이 좋아하고 또 사랑하는 그 일은 천부적인 재능 같은 것이 아니라는 점이다. 이것은 꾸준한 노력으로 길러내는 것이다. 서양에는 '성장형 취미'라는 개념이 있다. 시간이 지남에 따라 결과물이 더욱 좋아지는 취미인데, 가령 러닝이나 수영, 노래나 악기 연주, 글쓰기 등이 이에 포함된다. 처음에는 별로 좋아하지 않을 수도 있다. 하지만 시간을 들여 계속하다 보면 어느새 조금씩 그 일에 스며들 것이다.

이러한 취미의 특징은 기꺼이, 꾸준히 한다는 점이다. 억지로 버티고 견디는 것과 꾸준히 이어가는 것은 엄연히 다르다. **10년을 하루처럼, 그것이 당신의 태도가 되었든 어떤 생각이 되었든, 변함없이 이어가도록 하라.** 가장 중요한 건 행동으로 꾸준히 옮기고 실천하는 것이다.

'나는 인적이 드문 곳을 선택했고, 그로 인해 모든 것이 달라졌다
I took the one less traveled by, And that has made all the difference.'

20세기 미국의 유명 시인 로버트 프로스트Robert Frost의 시, '가지 않은 길The Road Not Taken'의 한 구절을 당신에게 바친다. 부디 빠르게 변하는 이 시대 속에서 당신이 좋아하는 일과 당신이 내린 그 결정을 꾸준히, 올곧게 이어가길 바란다.

AI가 절약해 준 시간, 당신은 어떻게 사용할 것인가?

　과학기술이 어느 때보다 빠르게 발전하고 있는 지금, 젊은이들은 그 기술을 활용해 자신의 특기나 장점을 계발해야 한다. 기술을 터득하지 않는 사람은 도태될 수밖에 없다.

　나는 인공지능에 연관된 책을 두 권 집필했는데, 하나는 인공지능을 활용한 애플리케이션에 관한 책으로 현재 중국 국가개방대학The Open University of China에서 공식 지정 교재로 사용하고 있다. 이 책을 계기로 인공지능에 관한 본격적인 취재와 연구를 시작하면서 관련 길로 접어들었다. 다른 하나는 중국인민대학Renmin (People's) University of China 컴퓨터학과 교재로, 토론토대학 재학 중 공부했던 인공지능의 마인드맵과 관련된 내용이다.

먼저 단언컨대, 조금 과감한 가설을 세워보자면 미래에는 단 한 종류의 사람만이 도태되지 않을 것이다. 바로 'AI 기술을 능수능란하게 사용할 수 있는 사람'이다. 그래서 이번 장에서는 어떻게 '보통의 사람'이 AI를 활용해 재능을 계발할 수 있을지에 대한 정보를 나눠보려고 한다.

과거에도 나는 '한 업계에 진입해 유능한 인재가 되려면 세 가지를 해야 한다'라고 강조한 바 있다.

첫째는 독서다. 시장에서 말하는 관련 업계 필독서를 최소 한 번 이상 읽어봐야 한다.

둘째, 강의 수강이다. 업무와 관련한 각종 유료 강의를 온라인이든 오프라인이든 많이 들어봐야 한다. 오프라인에서는 관련 업계 사람을 사귈 수 있고, 온라인 강의로는 부족한 지식을 메울 수 있다.

셋째, 사람을 직접 만나야 한다. 기회가 된다면 업계에서 소위 성공한 인재를 만나는 것이 좋고, 만날 때는 심도 있는 주제를 준비해 이야기를 나누는 것이 좋다. 필요하다면 수업료를 내는 것도 좋은 방법이다.

시대에 맞춰 여기에 하나를 더 추가하고 싶다. 바로 AI를 활용하는 것이다. 이미 출시된 여러 AI 기능을 사용해 본 결과, 매우 실용적이라고 판단한 몇 가지를 다음과 같이 정리하고자 한다.

1. 챗GPT

관찰 결과, 현재까지 챗GPT를 제대로 활용하는 사람은 백 명 중에 한 명 정도밖에 되지 않았다. 같이 수업을 듣는 학생들을 대상으로 통계를 내보았더니, 약 90%는 챗GPT에 관해 들어보았지만, 실제로 사용하는 사람은 10%가 채 되지 않았다. 게다가 대다수는 무료 체험판을 사용했고, 그중 극소수만 유료 버전을 사용했다. 무료 체험판과 유료 버전의 차이점은 두 가지다. 하나는 알고리즘의 수준이고, 다른 하나는 민감하거나 중요한 단어 및 어휘, 비판적이거나 잔인한 어휘에 대한 필터링 여부다.

이 밖에도 키미Kimi나 쳰Qwen도 매우 실용적이다. 에세이 과제나 보고서 작성 관련 업무가 있을 때 이러한 AI의 도움을 받으면 훨씬 자연스럽고 매끄럽게 문장을 다듬을 수 있다. 현재는 아무것도 없는 상태에서 완전히 처음부터 글을 쓰는 건 어렵지만, 주요 키워드나 맥락만 입력하면 AI가 재미있고 풍부한 내용을 담아 매끄러운 문장을 만들어 낸다.

현재까지 AI는 약 36가지의 방법으로 무언가를 쓰고 만들어 낼 수 있다. 그 내용을 간략하게 다음과 같이 정리했으니, 효과적으로 활용할 수 있길 바란다.

책	작문 및 편집, 윤문 작업을 도와주며 단락, 챕터 및 전체 책의 내용 구상과 문장 선택을 도와준다
소설	소설의 줄거리를 창작하고 등장인물의 대화 및 배경을 설정한다
대본	영화, 드라마, 연극의 대본을 집필하고 배우의 대사, 장면 묘사 등을 진행한다
논문	학술서나 논문 저술에 필요한 구조 짜기, 참고 문헌 작성 및 학술 용어 사용 등을 돕는다
블로그	블로그를 작성하고 이에 필요한 주제나 내용을 선정하며 검색 엔진 최적화 등을 돕는다
신문 기사	신문 기사나 뉴스 스크립트를 작성할 때 업계 표준에 맞는 어조와 격식을 구사한다
메일	비즈니스 메일, 사교성 메일, 초청장 등 각종 형식의 이메일을 작성한다
공문	통지문, 공고문, 보고서 등 정부 혹은 기업의 공문을 작성한다
연설문	연설문, 포럼 발화문 등을 작성하며 내용의 논리성과 표현의 정확성을 보장한다
제품 관련 문서	제품의 마케팅, 광고 문구 등을 작성하며 제품의 매력을 효과적으로 전달한다

작문 관련

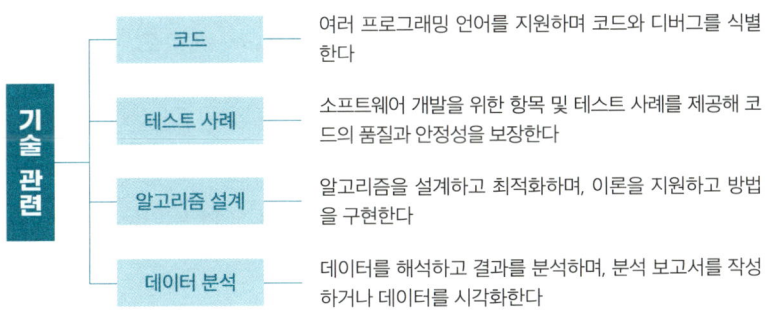

코드	여러 프로그래밍 언어를 지원하며 코드와 디버그를 식별한다
테스트 사례	소프트웨어 개발을 위한 항목 및 테스트 사례를 제공해 코드의 품질과 안정성을 보장한다
알고리즘 설계	알고리즘을 설계하고 최적화하며, 이론을 지원하고 방법을 구현한다
데이터 분석	데이터를 해석하고 결과를 분석하며, 분석 보고서를 작성하거나 데이터를 시각화한다

기술 관련

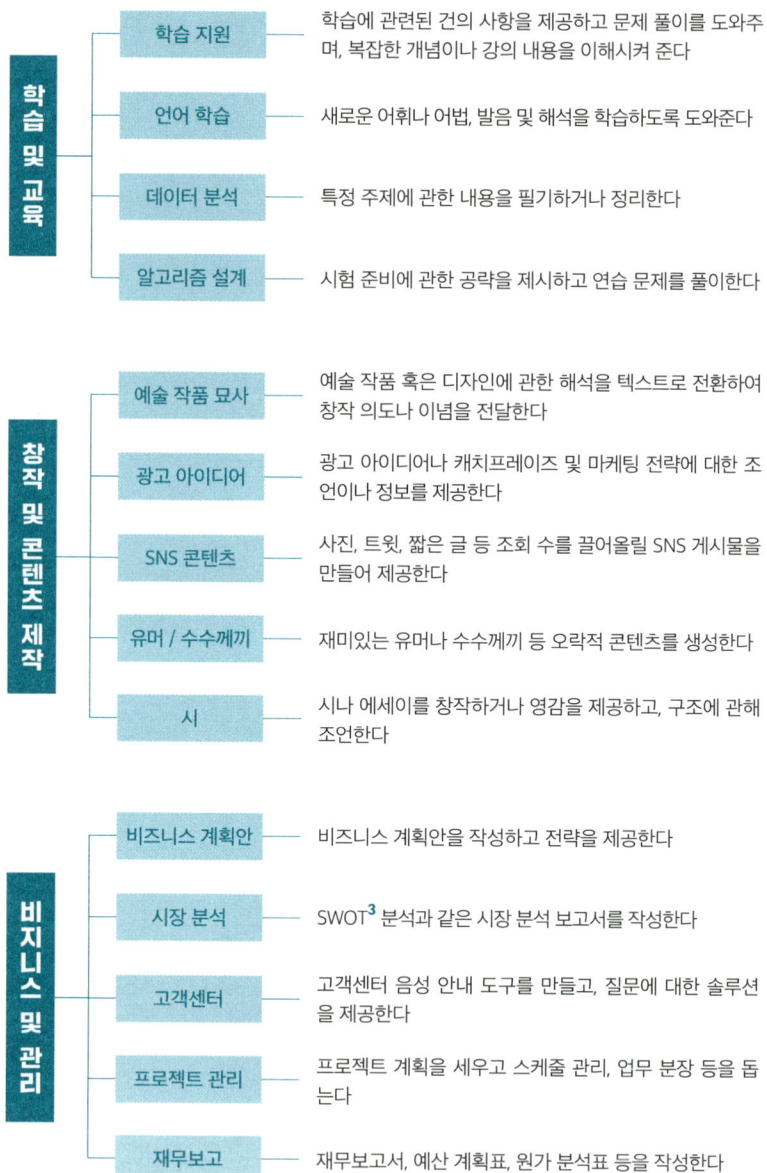

학습 및 교육

| 학습 지원 | 학습에 관련된 건의 사항을 제공하고 문제 풀이를 도와주며, 복잡한 개념이나 강의 내용을 이해시켜 준다 |

| 언어 학습 | 새로운 어휘나 어법, 발음 및 해석을 학습하도록 도와준다 |

| 데이터 분석 | 특정 주제에 관한 내용을 필기하거나 정리한다 |

| 알고리즘 설계 | 시험 준비에 관한 공략을 제시하고 연습 문제를 풀이한다 |

창작 및 콘텐츠 제작

| 예술 작품 묘사 | 예술 작품 혹은 디자인에 관한 해석을 텍스트로 전환하여 창작 의도나 이념을 전달한다 |

| 광고 아이디어 | 광고 아이디어나 캐치프레이즈 및 마케팅 전략에 대한 조언이나 정보를 제공한다 |

| SNS 콘텐츠 | 사진, 트윗, 짧은 글 등 조회 수를 끌어올릴 SNS 게시물을 만들어 제공한다 |

| 유머 / 수수께끼 | 재미있는 유머나 수수께끼 등 오락적 콘텐츠를 생성한다 |

| 시 | 시나 에세이를 창작하거나 영감을 제공하고, 구조에 관해 조언한다 |

비즈니스 및 관리

| 비즈니스 계획안 | 비즈니스 계획안을 작성하고 전략을 제공한다 |

| 시장 분석 | SWOT[3] 분석과 같은 시장 분석 보고서를 작성한다 |

| 고객센터 | 고객센터 음성 안내 도구를 만들고, 질문에 대한 솔루션을 제공한다 |

| 프로젝트 관리 | 프로젝트 계획을 세우고 스케줄 관리, 업무 분장 등을 돕는다 |

| 재무보고 | 재무보고서, 예산 계획표, 원가 분석표 등을 작성한다 |

---

3 강점(Strength), 약점(Weakness), 기회(Opportunity), 위협(Threat)의 앞 글자를 따서 'SWOT 분석'이라 하며 기업의 강점과 약점, 환경적 기회와 위협을 열거하여 효과적인 기업 경영전략을 수립하기 위한 분석 방법.

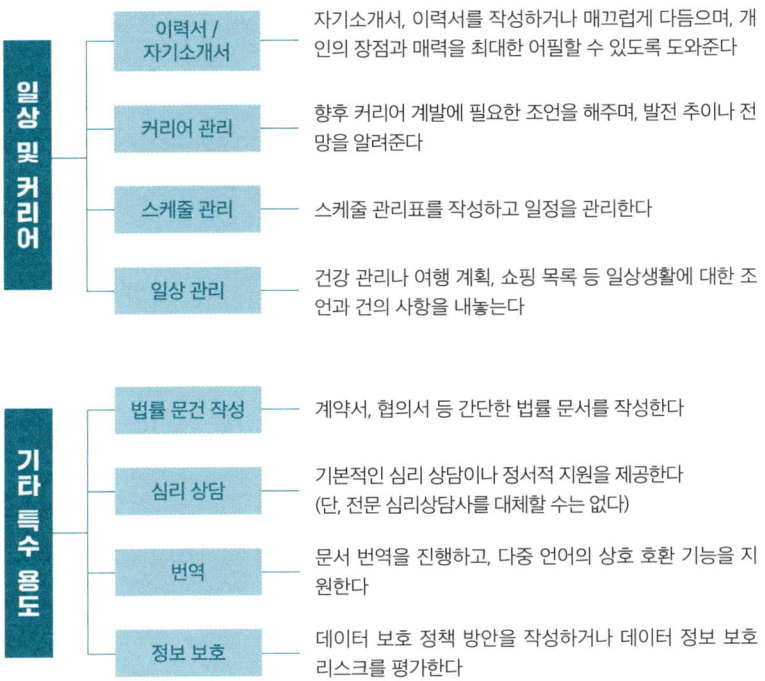

| | 이력서 /
자기소개서 | 자기소개서, 이력서를 작성하거나 매끄럽게 다듬으며, 개인의 장점과 매력을 최대한 어필할 수 있도록 도와준다 |
일상 및 커리어	커리어 관리	향후 커리어 계발에 필요한 조언을 해주며, 발전 추이나 전망을 알려준다
	스케줄 관리	스케줄 관리표를 작성하고 일정을 관리한다
	일상 관리	건강 관리나 여행 계획, 쇼핑 목록 등 일상생활에 대한 조언과 건의 사항을 내놓는다
기타 특수 용도	법률 문건 작성	계약서, 협의서 등 간단한 법률 문서를 작성한다
	심리 상담	기본적인 심리 상담이나 정서적 지원을 제공한다 (단, 전문 심리상담사를 대체할 수는 없다)
	번역	문서 번역을 진행하고, 다중 언어의 상호 호환 기능을 지원한다
	정보 보호	데이터 보호 정책 방안을 작성하거나 데이터 정보 보호 리스크를 평가한다

2. 이미지 생성 도구

북미의 거의 모든 디자이너가 유용하게 사용하는 이미지 생성 인공지능이 있다. 바로 미드저니 Midjourney[4]다. 이 기능을 사용하고 싶다면 영어와 프롬프트만 공부하면 된다. 하지만 영어를 모른다고 해도 상관없다. 챗GPT로 번역하면 되기 때문이다. 가령 파란 하늘 아래 고양이와 개가 서로 으르렁거리며 싸우는 그림을 그리고 싶은데 어떻게 장면을 묘사해야 할지 모르겠다면, 먼저 챗GPT에 도움을 요

---

4 텍스트를 입력하면 AI가 퀄리티 높은 이미지를 생성해 주는(Text-to-Image) AI 이미지 제너레이터.

청하라. 그런 다음 그 문장을 영어로 번역한 뒤 프롬프트를 미드저니에 입력하면 원하는 이미지를 생성할 수 있다. 인터넷에서 관련 자료를 쉽게 찾아볼 수 있으므로 어렵지 않게 익힐 수 있을 것이다.

미드저니를 통해 생성한 이미지는 거의 실제에 가깝다. 앞으로는 사진이나 그림을 따로 전문적으로 배울 필요가 없을지도 모른다는 생각을 하기도 했다.

미드저니의 사용법은 매우 편리하고 간단하다. 실제로 사진가로 활동하는 친구의 말에 따르면, 옛날에는 정말 마음에 드는 작품 하나를 얻을 확률이 십분의 일도 되지 않았지만, 미드저니가 나온 후, 영원히 버려질 뻔했던 사진들이 AI를 통해 수정 작업을 거치면서 새로운 생명을 얻게 되었다고 한다. 미드저니는 다음과 같이 비즈니스를 비롯한 여러 현장에서 활발히 사용되고 있다. 대략 22가지로 나누어 여러분에게 소개하고자 한다.

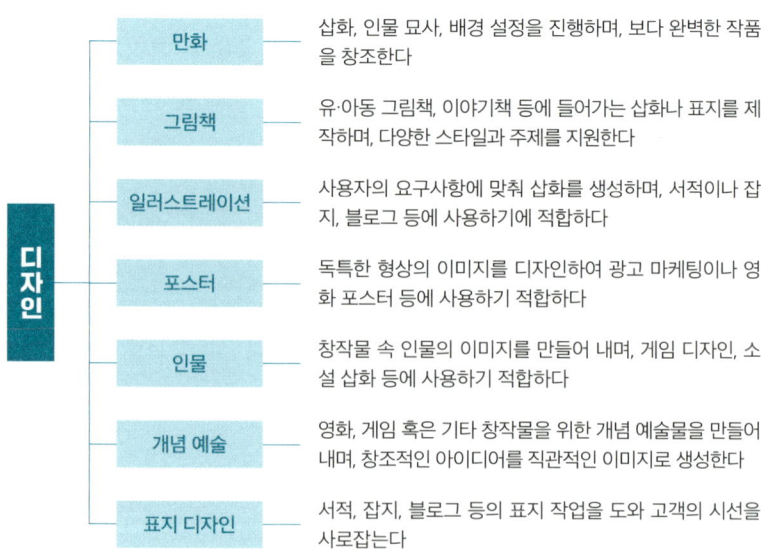

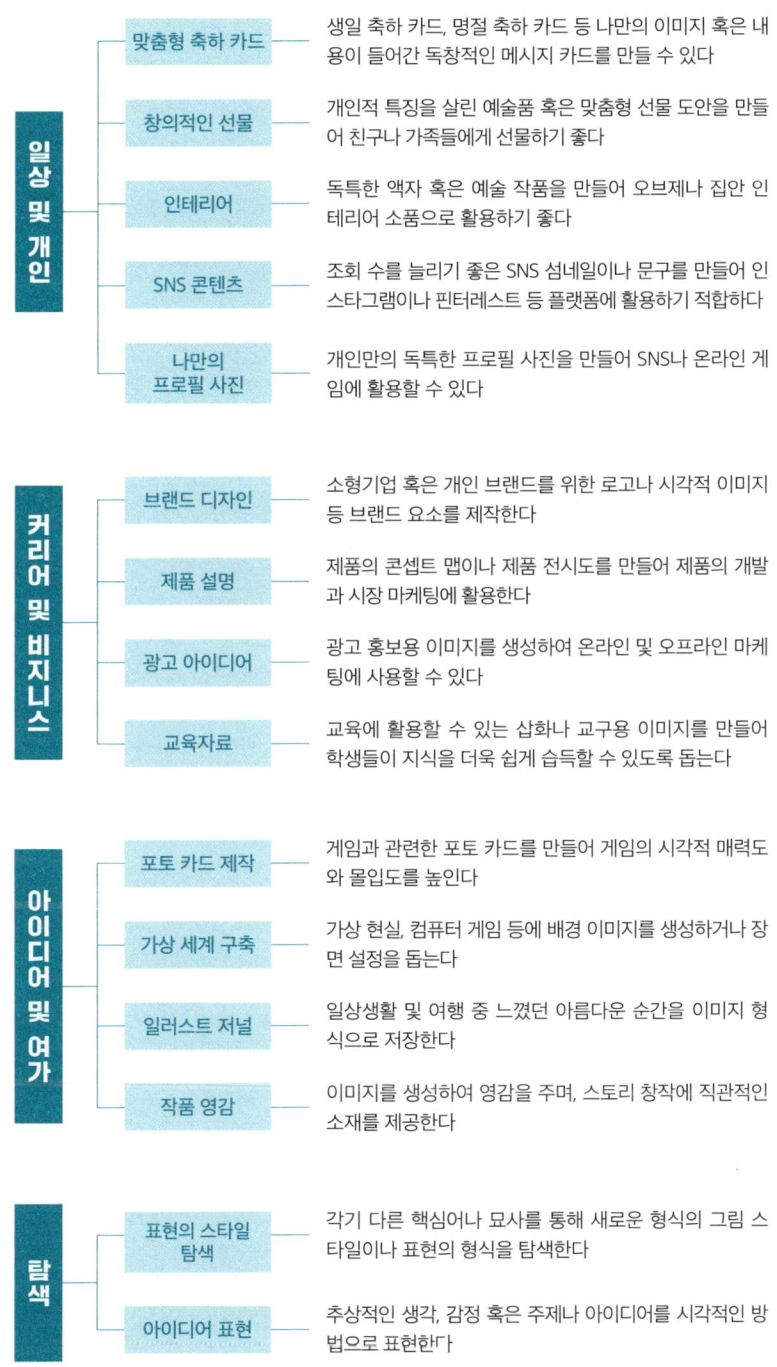

일상 및 개인

맞춤형 축하 카드	생일 축하 카드, 명절 축하 카드 등 나만의 이미지 혹은 내용이 들어간 독창적인 메시지 카드를 만들 수 있다
창의적인 선물	개인적 특징을 살린 예술품 혹은 맞춤형 선물 도안을 만들어 친구나 가족들에게 선물하기 좋다
인테리어	독특한 액자 혹은 예술 작품을 만들어 오브제나 집안 인테리어 소품으로 활용하기 좋다
SNS 콘텐츠	조회 수를 늘리기 좋은 SNS 섬네일이나 문구를 만들어 인스타그램이나 핀터레스트 등 플랫폼에 활용하기 적합하다
나만의 프로필 사진	개인만의 독특한 프로필 사진을 만들어 SNS나 온라인 게임에 활용할 수 있다

커리어 및 비지니스

브랜드 디자인	소형기업 혹은 개인 브랜드를 위한 로고나 시각적 이미지 등 브랜드 요소를 제작한다
제품 설명	제품의 콘셉트 맵이나 제품 전시도를 만들어 제품의 개발과 시장 마케팅에 활용한다
광고 아이디어	광고 홍보용 이미지를 생성하여 온라인 및 오프라인 마케팅에 사용할 수 있다
교육자료	교육에 활용할 수 있는 삽화나 교구용 이미지를 만들어 학생들이 지식을 더욱 쉽게 습득할 수 있도록 돕는다

아이디어 및 여가

포토 카드 제작	게임과 관련한 포토 카드를 만들어 게임의 시각적 매력도와 몰입도를 높인다
가상 세계 구축	가상 현실, 컴퓨터 게임 등에 배경 이미지를 생성하거나 장면 설정을 돕는다
일러스트 저널	일상생활 및 여행 중 느꼈던 아름다운 순간을 이미지 형식으로 저장한다
작품 영감	이미지를 생성하여 영감을 주며, 스토리 창작에 직관적인 소재를 제공한다

탐색

표현의 스타일 탐색	각기 다른 핵심어나 묘사를 통해 새로운 형식의 그림 스타일이나 표현의 형식을 탐색한다
아이디어 표현	추상적인 생각, 감정 혹은 주제나 아이디어를 시각적인 방법으로 표현한다

혹시 이미지 생성 인공지능에 대해 더 깊이 알아보고 싶다면 스테이블 디퓨전Stable Diffusion을 추천한다. 스테이블 디퓨전은 미디어 방면, 그중에서도 아이디어 혁신 방면에서 두각을 드러낸다. 브랜드의 특성이나 시장의 요구에 맞춰 광고 이미지를 생성하며, 정적인 광고는 물론, 영상 형식의 동적인 광고도 만들 수 있다. 딥러닝을 통해 특정 브랜드의 스타일이나 시각적 콘텐츠를 생성하는 게 강점이다. 이러한 결과물은 브랜드 홈페이지, SNS, 옥외광고 등에 활용되어 다양한 미디어 형식의 브랜드 이미지를 구축하는 데 효과적이다.

그 밖에도 복잡한 게임 스킨이나 배경 이미지를 만들 수 있어 SF나 판타지 장르물과 같은 스타일에 적합하다. 특정 데이터베이스를 기반으로 인포그래픽Infographics[5]을 생성하거나 데이터 시각화 등을 실현한다. 주목할 만한 점은 최근 스테이블 디퓨전이 의료 산업과 협력해 X-ray나 MRI 같은 의학 영상에 해당 기술을 적용·보강하는 시도를 시작했고, 그 결과 의학 연구와 임상시험에까지 활용되고 있다는 점이다.

앞으로 이 두 소프트웨어는 지속적이며 광범위하게 사용될 것이므로 여러분도 주의를 기울여 볼 것을 추천한다.

3. 프레젠테이션 제작

프레젠테이션PPT을 만들어 주는 AI가 있다는 말은 들어봤지만, 대체 무슨 방법으로, 어떻게 진행하는지 알 수 없어 고개를 갸웃거리

---

5 정보(information)와 그래픽(graphics)의 합성어. 그래픽과 패턴을 이용해 데이터나 정보를 더 빠르고 쉽게 이해하고 보유하기 위한 시각적 커뮤니케이션 도구.

는 사람이 많을 것이다. 내가 자주 사용하는 AI 도구를 소개하자면 마인드쇼MindShow, 감마Gamma, 톰Tome, 아이슬라이드iSlide가 있다. 엑셀 파일 작업을 하고 싶다면 챗 엑셀Chat Excel 프로그램을 추천한다.

결론적으로 새로운 시대의 젊은이들은 이와 같은 간단한 인공지능 도구와 서비스를 다룰 줄 알아야 한다. 이로써 업무 및 작업의 효율을 높이고, 그만큼 절약된 시간은 온전히 자신의 것이 된다. 4차 산업혁명은 요란한 선언 없이, 그러나 이미 우리 삶 속에서 시작되었다. 앞으로 인류는 AI를 사용할 줄 아는 사람과 그렇지 않은 사람, 두 부류로 구분될 것이다.

AI를 사용할 줄 아는 사람은 이를 자신의 것으로 만들어 진정한 강자로 살아남을 것이며, 그렇지 못한 사람은 새로운 시대의 소용돌이 속에 서서히 말려들어 심연으로 조용히 사라질 것이다.

'1인 브랜드'로
가치를 창출하는
시대

    보통 '세속적 관념'에 따르면 '지위'라는 건 두 종류로 나뉜다. 하나는 돈에 관련된 지위, 다른 하나는 사회적 지위다. 이른바 '돈에 관련된 지위'라는 건 말 그대로 그 사람이 지닌 재산에 따라, 가진 돈에 따라 지위의 높낮이를 구분하는 것이다. 반면 '사회적 지위'란 그 사람의 직업과 그로 인한 부가가치에 따라 구분한다.

    어떤 직업은 수입은 그리 높지 않으나 부가가치가 매우 높다. 교수, 언론인, 법조인 등이 이에 해당한다. 부모가 자식을 이러한 직업군으로 키우기 위해 필사적으로 노력하는 이유는 살다 보면 이런 직업과 연관된 문제나 어려움이 발생할 수 있는데, 소위 친척 혹은 지인 '전문가'의 도움을 받으면 아주 편하기 때문이다. 이런 것이

'직업의 부가가치'라고 할 수 있다.

    하지만 요새는 '계층'이라는 개념 대신 수많은 전문 용어, 또는 명사가 생겨났다. 그중 대표적인 것이 바로 '1인 브랜드'이다. '1인 브랜드'의 탄생은 젊은이에게 새로운 기회와도 같다. '1인 브랜드'가 사회적으로 자리 잡고 인지도가 더욱 높아지면 젊은이들은 더 이상 기존의 '사회적 지위'를 차지하기 위해 맹목적으로 노력하지 않아도 된다.

    간단한 예를 들어보자. 당신이 어떤 일로 누군가를 소송해야 할 일이 생겼다면 유명 대학의 법학 교수를 찾아가 자문하겠는가, 아니면 유튜브에서 법 전문 유튜버를 찾아 정보를 모으겠는가? 대학교 전공 학과를 선택할 때 명문 대학교수를 찾아가 자문하겠는가, 아니면 입시 관련 일타 강사를 찾아가겠는가? 아마 후자일 것이다.

    왜 그럴까? 이것은 다시 말해 '1인 브랜드'의 등장으로 기존의 사회적 지위나 질서가 상당 부분 무너졌기 때문이다.

    또한 오픈된 소스와 정보들이 이러한 '1인 브랜드'를 강력하게 뒷받침하고 있다. '1인 브랜드'가 인기를 얻었다는 것은 수많은 사람에게 자신이 알고 있는 정보를 투명하게 공개했다는 뜻이기도 하다. 그러나 일단 부정적인 정보나 소문이 돌기 시작하면 브랜드의 가치는 빠르게 하락하고 신뢰에 금이 간다.

    만일 당신이 어떤 중요한 정보를 얻고 싶거나 선택의 기로에 놓였을 내, 주변 지인, 혹온 소규모의 간힌 관계에 조언을 구하기보다는 시장의 검증을 통과한 '개인 채널'을 신뢰하는 것이 훨씬 낫다. 이것이 바로 '1인 브랜드'로, 기존의 '사회적 지위'에 상응하는 개념이다. '1인 브랜드' 경영에 특출난 사람의 영향력은 웬만한 기업의 브랜드를 뛰어넘는다.

당신도 그 주인공이 될 수 있다. 일반적인 사람들이 '1인 브랜드'를 만들기 위해 할 수 있는 일은 무엇일까? 지금부터 집중하라. 여러분에게 내 경험을 바탕으로 한 비법을 전수하고자 한다.

✦ '1인 브랜드' 구축을 위한 성공적 전략 ✦

첫째, 전문적인 능력을 갖추어라

섬세할수록 좋다. 가령 내 친구 스레이펑은 중국 대입 영어 에세이 분야의 전문가이다. 이 '레이스'에서 독보적인 선두를 달리고 있는 만큼, 사람들은 일단 중국 대입 영어 에세이를 생각하면 자연스럽게 그를 떠올린다. 이 '레이스'를 달리는 선수가 많지 않아 경쟁에 대한 스트레스도 크지 않은 편이다. 물론 그의 전문적인 능력은 많은 사람에게 이미 충분한 인정을 받았다.

둘째, 전문가 집단의 인정을 받아라

어떤 집단에 속해 있다는 것은 다시 말해 업계의 인정을 받고 있다는 뜻이다. 스레이펑 역시 업계에서 일하는 다른 친구와 활발히 교류하고, 같이 찍은 사진을 SNS에 올리고는 했다. 이 '집단'이 곧 그의 배경이자 '자격증'의 역할을 했는데, 이는 다시 말해 그가 그 안에서 인정받는다는 의미이다.

셋째, 스토리를 채워라

이른바 스토리를 통해 대중에게 당신을 이해시킬 수 있어야 한다. 꼭 힘들거나 가슴 아픈 얘기가 아니더라도 사람들의 호기심을 유발할 수 있는 개인사를 공개할 필요도 있다. 사람들은 자신과 비슷한 처지의 스토리를 지닌 사람에게 더 호감을 느끼기 마련이다. 심지어 당신의 가족 혹은 이전에 사귄 연인 등과의 스토리조차 대중의 평가 대상이 될 수 있다는 걸 감수해야 한다.

이렇듯 '1인 브랜드'는 전문적인 능력, 전문가 집단, 개인적 스토리 이 세 가지가 유기적으로 결합하여 만들어진다.

물론 '1인 브랜드'는 최종적으로 온라인을 통한 홍보가 필요하다. 온라인은 당신의 영향력을 실어 나르는 일종의 매개 역할을 한다. 능력에 온라인이 더해지면 지식이 전파되고, 집단에 온라인이 더해지면 일종의 '자격증'이 되는 셈이다. 스토리에 온라인이 더해지면 그것이 곧 '개인 채널'이 된다. 나는 특정 영역에서 특출난 젊은이들을 만나면 꼭 SNS나 블로그 등 개인 채널을 개설해 아름답고 찬란한 순간을 기록할 것을 권유한다. 이유는 단순하다. 당신의 스토리와 생각을 보는 사람이 많아질수록 그것이 곧 '양적인 자산'이 되기 때문이다.

AI 시대에 중요한 것은 바로 '디지털 자산'이다. 일반인들이디지털 자산을 축적하기에 가장 좋은 방식은 SNS나 온라인에서 개인 채널을 운영하는 것이다. 여기서 주의할 점은 하나의 플랫폼에 국한하지 말고 자신을 표현할 채널을 여러 개의 플랫폼에 동시에 업로드해 입체적인 이미지를 만들어야 한다.

디지털 자산은 다양한 방법으로 표현할 수 있고, 또 콘텐츠도 풍부하다. 여러 채널을 통해 자기 생각을 전달할 수 있으므로 '1인 브랜드'를 운영하기에 매우 적합하다.

만일 '1인 브랜드'에 대한 꿈이 있지만, 아직 본인의 장점이 무엇인지 잘 몰라 콘셉트를 잡기 어렵다면 다음의 방법을 참고해 보길 바란다.

첫째, 예전에 사람들이 당신에게 자주 도움을 청했던 부분이 무엇인지 잘 생각해 보라.

둘째, 현재 당신이 하는 일을 조금 더 디테일하게 분석해 보자. 가령 온라인 오퍼레이션을 담당하고 있다면 당신이 지닌 핵심 능력은 세부적인 정보를 누구보다 빨리 검색하고 찾아내는 것일 수 있다. 이렇듯 자신의 전문 영역을 세밀하게 분석하는 게 필요하다.

셋째, 다양하게 시도하라. 교육, 취미, 기술 등 다양한 주제를 짧은 영상에 담아 여러 플랫폼에 업로드하라. 그중 조회 수가 가장 좋은 것이 바로 당신의 콘텐츠가 되는 것이다. 이후로 필요한 건 지구력이다. 기억하라. 매일 콘텐츠를 올려야 한다. 그리고 구독자들과 소통하고 공감대를 형성해야 한다. 정해진 시간, 정해진 곳에서 당신의 생각이나 느낌을 알려주는 방식으로 소통을 지속하고, 당신의 전문성을 전달해야 한다.

넷째, 부정적인 목소리에는 잠시 귀를 닫도록 하자. '1인 브랜드'를 만들어 대중 앞에 나서기 시작하면 과거 당신과 친분이 있었던 사람, 심지어 당신과 꽤 좋은 관계를 유지했던 사람들까지 가시 돋친 말을 하기 시작한다. 그러나 상관없다. 노력과 결과로 그 모든 걸 뛰어넘으면 된다. 반대의 목소리들은 잠시 묻어두고 당신이 생각하는 중요한 일에 몰두하면 된다.

당신의 성공을 진심으로 기원한다.

잠재된
당신의 재능을
AI로 폭발시켜라

예전에 『나를 소모하는 사람을 멀리하라请远离消耗你的人』(국내 미출간) 출간을 앞두고 편집장과 마케팅 회의를 진행했다. 우리는 책의 주제, 즉 나를 소모하는 사람은 주로 어떤 사람들이고, 내게 에너지를 주는 사람은 어떤 사람들인지에 관해 이야기를 나누었다.

대략 한 시간여 이야기를 나눈 뒤 우리가 최종적으로 내린 결론은 이랬다. 하면 할수록, 만나면 만날수록 힘 나게 하는 일이나 사람은 누구인지 자신에게 물어볼 것. 그런 사람은 내게 지지와 응원을 아끼지 않고, 나를 포용하고 신뢰해 점점 강한 사람으로 만들어 준다. 반면 만날수록 스트레스를 주거나 자꾸 나를 무시하고 트집만 잡는 사람은 나를 약하게 만들어 육체와 정신을 갉아먹는다.

그걸 조금 더 구체화하면 결론은 두 가지다. 첫째, 사람은 '에너지체'다. 에너지의 많고 적음은 삶의 질, 현실과 미래를 바라보는 태도에 달려 있다. 둘째, 나의 에너지를 소모하는 사람을 멀리해야 한다. 책의 제목은 그렇게 탄생하게 되었다.

책은 꽤 잘 팔렸다. 많은 사람으로부터 도움이 되었다는 피드백을 수없이 받았다. 그러나 내가 정말 여러분에게 하고 싶은 말은 이것이다. 사회에 나가면 다양한 사람을 만나고 무수히 많은 일을 겪는다. 그러나 어떤 일이 생기든 성급하게 무언가를 결정하거나 걱정할 필요는 없다. 그전에 먼저 조용히 자신에게 물어보도록 하라.

"이 일이, 이 사람이 나의 에너지를 소모하는가, 아니면 에너지를 채워주는가?"

당신을 더 좋은 사람으로 만들게 하는 사람과 일에 당신의 에너지와 주의력을 집중하라.

혹시 그런 경험이 있는가? 하루 종일 정신없이 바쁘게 일하고 나니 말할 기력도, 숟가락 하나 들 힘조차 없는 그런 경험. 그런데 내가 지금 무엇을 위해 이렇게 바쁘게 사는 건지 인생에 대한 회의감이 드는 경험 말이다. 그건 결국 그 일이 당신의 에너지를 갉아먹고 있다는 뜻이다.

만일 당신의 일이 다음과 같은 모습을 보인다면 하루빨리 결단을 내려야 한다. 어제가 오늘 같고 오늘이 내일 같은 삶. 업무 내용이 무한으로 반복되며, 그 어떤 변화도 없이 똑같이 흘러가는 삶. 이런 일은 당신을 지치고 힘들게 해 성장을 가로막는다. 그런 종류의 일이 인공지능으로 대체되는 건 시간문제이다.

"그렇지만 이게 다 먹고살자고 하는 거 아니겠어요?" 많은 이가 그렇게 말한다. 물론 부정하고 싶진 않다. 그렇다면 최소한 자신을 위해 목표와 시간적 마지노선을 세웠으면 한다. 그 일을 언제까지 할 건지, 언제쯤 그만둘 건지 생각해야 한다. 그렇지 않으면 당신은 그 일에 '잠식'되어 결국 빠져나오기 어렵다.

개인적으로 일론 머스크Elon Musk의 어머니 메이 머스크Maye Musk가 저술한 『메이 머스크: 여자는 계획을 세운다』(문학동네, 2021)라는 책을 특히 좋아한다. 그녀는 홀로 세 아이를 키웠다. 자신이 근본적으로 이 가정을 떠날 수 없고, 남편과의 이혼은 피할 수 없는 일임을 깨달았을 때 그녀는 세상을 원망하지 않았다. 대신 스스로 '기한'을 설정했다. 그리고 그 기한 내에 가능한 모든 방법을 동원해 남편과의 관계를 끊어내겠다는 계획을 세웠다. 과연 그녀는 이혼 후 자신이 꿈꾸던 모습으로 멋지게 살아냈을 뿐 아니라, 세 자녀를 누구보다 훌륭하게 키워냈다. 첫째 아들 일론 머스크는 굳이 설명이 필요 없는 유명인이 되었고, 둘째 아들 킴벌 머스크Kimbal Musk는 벤처캐피털리스트이자 식당 여덟 개를 경영하는 CEO가 되었다. 막내딸 토스카Tosca Musk는 주목받는 영화감독이자 로맨스 영화 전문 스트리밍 사이트의 설립자가 되었다.

나를 소모하는 사람과 일을 멀리하는 것이 얼마나 중요한지 잘 보여주는 사례다.

물론 이 책을 읽는 독자 중에는 이제 막 직장생활을 시작해 주변에 사람이 그리 많지 않은 이도 있을 테고, 어떻게 사람을 구별해서 사귀어야 하는지 모르는 사람도 있을 것이다. 어찌 되었든 중요한 건 누군가를 급히 사귈 필요가 전혀 없다는 것이다. 그전에 당신이 우수하고 매력적인 사람으로 거듭나는 것이 먼저다. **진정한 친구는 자연스럽게 친해진다. 억지로 어떤 의도를 품은 채 다가서지 않는다.** 당신이 아직 충분히 매력적이거나 우수하지 않다면, 그저 SNS 게시물에 '좋아요'를 눌러주는 정도의 표면적인 관계밖에 맺을 수 없다. 그러나 당신이 진정으로 능력 있는 사람이 되면 사람들은 자연스레 몰려든다.

여러 플랫폼에서 다양한 채널을 운영하는 나는 최대한 사람들이 남긴 댓글을 다 읽어보려고 노력한다. 물론 그중에는 나를 욕하고 무시하는 악성 댓글도 있고, 아낌없는 칭찬과 응원을 보내주는 사람도 있다. 하지만 뭐니 뭐니해도 가장 참기 힘든 건 매일, 어김없이 나를 평가하고 비방하는 사람들이 보내는 메일이나 쪽지, 메시지를 받아보는 것이다. 예전에는 그들에게 일일이 다 답장을 보내서 해명했다. 하지만 지금은 그러지 않는다. 나는 무시하는 쪽을 택했다. 대신 내게 칭찬과 응원을 보내는 사람들에게 더 많은 시간을 할애한다.

당신을 욕하는 사람이 있다면 부디 무시하길 바란다. 당신이 신경 쓰기 시작하는 그 순간부터 에너지가 소모되기 때문이다. **당신을 더욱 빛나게 하는 사람과 일, 당신에게 자부심을 느끼게 하는 사**

람과 일에 더 집중하라. 무료하고 의미 없는 일에 에너지를 분산하지 마라.

✦ 능력을 제한하는 '유리 덮개' 같은 친구 ✦

그렇다면 친구는 어떻게 구분해야 할까? 만일 지인 가운데 다음과 같은 특징을 지닌 사람이 있다면 멀리하도록 하라.

부정적인 에너지가 가득해서 매사에 불만을 터뜨리는 사람, 당신의 진실한 모습 그대로를 보여주기 힘든 사람, 만나고 나면 특히나 불편하고 기가 빨리는 사람, 매번 대화가 자연스럽게 흐르지 않고 애써서 화제를 찾아야 하는 사람, 남의 뒷담화를 좋아하는 사람…. 이런 사람은 반드시 경계해야 한다. 그들과 친하게 지낸다면, 당신도 모르는 사이, 그 사람이 당신의 '유리 덮개'가 되어버린다. 사람과 일이라는 게 그렇다. 시간이 지날수록 그 사람이 당신의 제한선이 되어 딱 그만큼까지만 성장할 수밖에 없다.

심리학에 유명한 '벼룩 실험'이 있다. 벼룩을 유리병 안에 넣고 뚜껑을 덮었더니 처음에는 뚜껑에 부딪히며 계속 더 높이 뛰려고 시도했으나, 시간이 지나자 습관적으로 딱 뚜껑 높이까지만 뛰었다. 나중에 뚜껑을 열어놓은 뒤에도 변함없이 그만큼까지만 뛰었다. 사실 벼룩은 원래 자기 몸의 100배까지 뛸 수 있다고 한다. 일정 시간 동안 능력이 제한된 벼룩은 일종의 습관, 혹은 심리적인 자기 제한을 설정했고, 외부적인 방해 요소가 말끔히 사라진 뒤에도 똑같이 행동했다. 이러한 현상은 사람에게도 동일하게 나타난다.

개인 혹은 단체가 일정 기간 어떤 제한을 받으면 그 요소가 사라진 후에도 여전히 제한적인 행동을 보인다. 이러한 현상은 교육, 사회환경, 인간관계, 업무 등 다양한 분야에서 나타난다. 개인 혹은 단체의 행동은 모두 '유리 덮개'의 영향을 받게 되며, 생물의 진화는 이러한 과정을 통해 진행된다.

✦ 약점에 대한 집착을 버리고 강점을 키워라 ✦

이번 장에서는 실력을 키우는 데 가장 큰 도움이 되었던 방법을 소개하고자 한다. 간단하다. **강점에 몰입하라.**

'짧은 나무판 효과'라는 것이 있다. 나무판을 하나하나 이어붙여 만든 바스켓에 담을 수 있는 물의 양은 전체 지름도, 넓이도 아닌 가장 짧은 나무판에 달려 있다는 것을 설명하는 이론이다. 그러나 그 바스켓을 거꾸로 뒤집으면 바스켓의 높이는 가장 긴 나무판이 기준이 된다. 세상이 주목하는 것은 당신의 단점이 아니라 장점이다. 앞으로는 전문가인 동시에 다재다능한 인재의 필요성이 더욱 커질 것이다. 다시 말해 전문적인 분야에서 특출함과 동시에 다른 기능도 조금씩 갖춰야 한다는 것이다. 이 시대가 원하는 사람은 바로 그런 유형이다.

당신의 약점이나 단점에 지나치게 집착할 필요는 없다. 부족한 부분은 다른 사람과의 협업을 통해 그의 장점과 연결하면 얼마든지 메울 수 있다. 이 시대의 핵심은 '레버리지leverage[6]'다. 만일 지금 슬럼프에 빠져 있거나 자신의 강점을 찾지 못해 우울해하고 있다면 좋은 방법이 있다. 먼저 종이 한 장을 꺼내 조용한 장소를 찾아 가만히 앉아서 생각해 보라.

1. 매일 아침 일어나서 당신이 하는 일은 무엇인가? 기억하라. 아침이다. 보통 아침의 습관이 당신의 미래를 결정한다.
2. 지난 몇 달간 사람들이 당신을 찾아와 가장 많은 도움을 요청한 부분은 무엇인가?
3. 아주 오랜 시간 변함없이 당신이 좋아한 일은 무엇인가? 당신이 정말로 하고 싶은 일은 무엇인가? 하면 할수록 자부심을 느끼고 뿌듯한 일은 어떤 것인가?

이 세 개의 질문에 대한 답을 구체적으로 생각하고 매일, 끊임없이 물어보라. 계속 물어보다 보면 당신이 정말 원하는 삶이 무엇인지, 앞으로 어떤 삶을 살고 싶은지, 당신의 장점과 강점은 무엇인지 점점 명확해질 것이다.

강점을 찾았다면 이제 AI를 활용해야 한다. 마지막으로 도달해야 할 종착역도 정했고, 현재 상태도 알겠는데 과정을 잘 모르겠다면 목표에 도달할 현실적인 방법을 AI에 자문하도록 하자. 실리콘 밸

---

6 '지렛대'라는 뜻으로 보통 자본시장에서 타인의 자본을 지렛대처럼 이용하여 자기 자본의 이익률을 높인다는 의미로 사용했으나, 그러한 원리를 비유하는 많은 상황에서 광범위하게 사용한다.

리에서 알게 된 한 여학생은 꿈이 골프 선수라고 했다. 그녀는 꿈을 이루기 위해 AI에 다음과 같이 질문했다.

1. 나에게 잘 맞는 훈련 계획을 세우고 싶은데 어떻게 하면 좋을까?
2. 내 기술과 능력을 어떻게 하면 확실히 발전시킬 수 있을까?
3. 체력을 좀 더 강화하고 싶은데 좋은 방법이 있을까?
4. 시합을 앞두고 멘털 관리는 어떻게 해야 할까?
5. 학업과 운동 사이에서 균형을 잘 잡으려면 어떻게 해야 할까?
6. 나에게 지금 필요한 장비와 영양 요소는 뭘까?
7. 감독님, 코치님과 좋은 팀워크를 발휘하려면 어떻게 해야 할까?

언뜻 보면 답이 정해져 있는 듯한, 매우 단순한 질문들로 보인다. 그렇지만 질문을 거듭하다 보면 AI는 조금 더 세밀하고 명확한 데일리 플랜을 짜서 내놓을 것이다. 질문은 구체적일수록 좋다. 주 단위, 월 단위, 연 단위의 계획까지 요청하고, 그것을 오전, 오후, 저녁으로 세분화한 실천 방안을 구하도록 하라. 그 계획을 실행하는 동안 당신의 강점은 점점 더 명확해질 것이다. 그리고 강점에 몰입하기 시작하면 당신은 더 강한 사람이 된다.

✛ '차단'하고 '몰입'하라! ✛

여기서 잠시, 새로운 시대에 우리에게 특별히 필요한 능력을 말해 보고자 한다. 바로 '차단 능력'이다.

'몰입'을 다른 말로 하면 당신이 이루고자 하는 목표와는 아무런 상관없는 일, 사람, 소식, 정보 등을 차단하는 것이다. 나의 경우 매주 하루 이틀 정도는 SNS를 완전히 차단한다. 휴대전화도 보지 않고 그 어떤 메시지도 받지 않는다. 솔직히 말하면 SNS의 콘텐츠들은 너무 강력하다. 재미난 것들로 넘쳐나서 한 번 잡으면 쉽게 손에서 놓을 수 없다. 그러나 우리는 하루나 이틀 정도, 시간을 정해놓고 자연을 감상하거나 내면을 들여다보는 시간을 가져야만 한다. 사실 현대인의 스트레스와 정신적 소모는 대부분 '디지털 디바이스'에서 기인한다고 해도 과언이 아니다. 일단 휴대전화 전원을 끄자. 책 한 권만 챙겨 들고, 혹은 그냥 맨몸으로 자연에 들어가면 곧바로 깊은 사색에 잠길 수 있다.

몰입과 사색의 힘을 무시하지 마라. **몰입과 사색은 당신의 재능과 기능을 폭발적으로 성장시킨다.** 나는 디지털 기기, SNS를 차단하고 '사색 모드'로 들어갈 때마다 노이즈 캔슬링 이어폰을 착용하고 조용한 곳을 찾아 종이에 앞으로의 계획을 적는다. 이렇게 하면 어느 때보다 높은 효율을 낼 수 있고 방향도 명확히 잡을 수 있다.

자신의 장점과 강점에 집중하라. 타인에 의해 이끌려 가는 삶이 아닌 당신 스스로 설계하는 인생을 살아보자.

혹시 이런 경험이 있는가? 밤새 잠도 제대로 못 자고 이런저런 생각에 뒤척였는데 결국 아침에 일어나면 어제와 똑같은 하루를 보낸 경험 말이다. 오랫동안 자기 혐오감에 시달리고, 뭐 하나 시원하게 결정하지도 못하면서 과거를 후회하고 미래를 불안해하진 않는가? 습관적으로 할 일을 미루고 또 후회하고, 그러면서 남의 시선에 지나치게 신경 쓰고 집착하진 않는가? 이 모든 생각은 사실 무수한 정보가 당신의 머릿속에서 용솟음치기 때문에 생기는 것이다. 그러니 당신의 '차단 능력'이 약해질 수밖에 없다.

이제 '차단 능력'을 키울 다섯 가지 방법을 소개하면서 이번 장을 마무리하려고 한다. 오늘부터 실천할 수 있길 바란다.

1. 매주 하루 이틀 정도 혼자 있는 시간을 갖자

휴대전화를 보지 않아야 한다. 유혹의 요소를 차단하는 것이 중요하다. 이 하루 이틀의 시간을 우습게 여기지 마라. 대다수 사람은 디지털 미디어의 속박에서 벗어나길 매우 힘들어한다. 그러나 조금만 노력해서 이겨내면 당신의 꿈을 이뤄내기 위한 목표를 세울 수 있다.

2. 싫은 사람과 일을 끊어내자

미안해할 필요 없다. 죄책감을 느끼지 않아도 된다. 그건 당신의 권리이기 때문이다. 며칠 전 한 편집자가 내게 추천사를 부탁해 왔다. 아는 사이는 아니었지만 나는 글을 쓰는 사람이기 때문에 웬만해서는 이런 부탁을 들어주는 편이다. 그런데 그 사람이 보낸 메일의 내용이 매우 불편했다.

"추천사 감사합니다. 그런데 혹시 돈 될 만한 책이 있을까요? 원고 가지고 계신 거 있으면 보내주세요!" 선을 넘어도 한참 넘은 행동이었다. 그래서 나는 매우 이성적으로 답장을 보냈다. "어렵습니다." 이후로 그에게 다시 메시지가 왔지만, 나는 한참 시간이 지난 뒤에 회신하거나 아예 모른 척했다. 어찌 됐든 나는 그와 아는 사이가 아니었고, 답장해야 할 의무도 없었다. 무언가 원하지 않는 상황이 됐을 때는 '아니'라고 확실하게 거절할 줄 알아야 한다. 그래야만 상대도 예의를 갖춰 행동하고 당신을 존중한다. 비열하게 굽신거릴 필요 없다.

3. 좋아하는 일을 만들고 그것에 집중하자

당신이 진정으로 좋아하는 것과 자신의 장점을 잘 모르겠다면 앞의 본문을 다시 잘 읽어보길 바란다. 이 책의 '자금' 편에서도 자세히 언급할 것이다.

4. 의식적으로 집중력 강화 훈련을 해보자

독서, 운동, 글쓰기 모두 집중력을 강화하는 좋은 방법이다. 10분부터 시작해 20분, 30분, 1시간으로 천천히 늘려가 보자. 나의 경우 매일 아침 눈을 뜨면 책상 앞에 30분에서 1시간 정도 앉아 무조건 쓰기 시작한다. 처음에는 1~2천 자밖에 쓰지 못했지만 갈수록 점점 늘고 있다.

5. 바쁘게 지내자

움직이고, 움직이고, 움직이고, 움직여라. 행동보다 강력한 것은 없다.

미래의 교육에서
가장 중요한 것은
무엇일까?

자, 질문 하나를 해보려 한다. 인공지능의 발전으로 미래에 지식의 가치가 지금보다 평가절하된다면 과연 교육의 본질은 무엇일까? 앞으로 어떤 교육이 가장 효과적일까? 잠시 책장을 덮어두고 생각해 보는 시간을 가져도 좋다.

내가 생각하는 답은 바로 '체험식 교육'이다. 영어 단어를 배울 때 무조건 암기하라고 하면 얼마나 기억할 수 있을까? 물론 여러 번 반복해서 외우면 기억할 수는 있다. 하지만 그것보다 더 효과적인 방법은 그 표현을 직접 사용해 보는 것이다. 사람을 만나 대화를 나누면서 직접 단어를 사용하면 마치 내 몸에 일종의 화학 반응이 일어나듯 아주 또렷하고 오래도록 기억할 수 있다. 이것이 바로 체험식 교육의 핵심이다. 배운 지식을 실제로 사용하지 못하면 그건 그저 '텅 빈 기억'과도 같아서 대뇌에 각인되기 어렵다.

어린 시절, 나는 책 읽는 걸 정말 좋아했다. 나를 잘 아는 사람들은 늘 내가 책을 읽고 있거나 들고 다니는 모습을 봤다고 말한다. 그렇게 늘 책과 함께했지만, 사실 영혼 깊은 곳에 남은 책은 얼마 되지 않는다. 왜냐하면, 책을 통해 얻은 대부분 지식을 거의 사용하지 않았기 때문이다.

이런 경험을 통해 나는 체험이야말로 가장 효과적인 교육 방식임을 깨달았다. **미래의 교육에서 가장 중요한 건 직접 체험해 보는 것이다.** 우리가 체험하는 모든 건 인생이 우리에게 선사하는 과제이자 시험이다. 그러나 인생은 우리 각자의 능력에 따라 감당할 수 있을 만큼의 체험과 시험만을 마련한다.

밴쿠버에서 마음 맞는 친구를 사귀게 되었는데, 그는 사립학교 교장직을 맡고 있었다. 그와 대화를 나누는 일은 언제나 즐거웠다. "체험식 교육에 대해 어떻게 생각해?" 그가 내게 질문을 했고, 나는 밴쿠버에 온 뒤 비록 독서량은 줄었어도 느끼고 깨달은 바가 훨씬 많다고 이야기해 주었다. 그러자 그는 내 말에 동의한다는 듯 고개를 끄덕이며 "진정한 체험식 교육이 뭔지 제대로 보여줄게"라며 나를 이끌었다. 그는 자신이 속한 조종사 클럽에 데려갔고, 고등학교 2학년 학생들과 함께 헬리콥터에 시승하는 기회를 주었다.

헬기는 힘차게 이륙해서 상공으로 높이 날아올랐다. 사실 처음엔 그가 그저 하늘을 나는 체험을 한번 하게 해준 것이겠거니 생각했다. 하지만 그게 다가 아니었다. 일행 중에는 물리 선생도 함께 있었다. 그가 조종사와 뭐라고 얘기를 나누자, 조종사는 갑자기 프로펠러 속도를 늦추기 시작했다. 헬기가 순식간에 뚝 떨어지며 십여 미터를 낙하했고, 조금 뒤 다시 프로펠러가 돌며 안정을 되찾았다. 헬기에 탑승했던 모든 사람이 깜짝 놀라 가슴을 쓸어내렸다. 이때 물리 선생이 아주 평온한 표정으로 말했다.

"이 느낌을 기억하렴. 이것이 바로 중력이란다." 그 순간을 나는 영원히 잊지 못할 것이다.

이후 물리 선생은 교실로 돌아와 아이들에게 '중력가속도(g)=$9.8m/s^2$[7]'의 원리를 설명하기 시작했고, 학생들은 순식간에 그 개념을 깨달았다. 나는 우리가 시험을 앞두고 그토록 죽어라 외웠던 공식의 원리를 한 번의 체험을 통해 깨달을 수 있다는 것에 새삼 놀라움과 씁쓸함을 감추지 못했다.

한 달 뒤, 교장은 헬기 탑승 체험 뒤 두 학생이 파일럿을 꿈꾸게 되었으며, 한 명은 물리학자가 되겠다는 포부를 밝혔다고 전해주었다. 이 일은 내게 체험식 교육의 힘이 얼마나 대단한지 잘 알려주는 계기가 되었다.

세계 수많은 명문 학교를 방문해 본 결과, 그들의 교육 방식에는 공통점이 하나 있다는 걸 발견했다. 바로 **지식을 일방적으로 주입하기**

---

7 물체가 지구의 중력에 의해 끌리는 가속도를 의미한다. 중력은 질량을 가진 두 물체 사이에 존재하는 상호작용이며, 지구의 경우 물체에 대한 중력이 $9.8m/s^2$로 알려져 있다. 물체가 공기의 저항을 무시한 상태에서 매초 속도가 $9.8m/s$씩 증가한다는 뜻.

보다는 학생이 스스로 체험하고 문제를 해결하게 하는 것이었다.

메릴랜드대학교 MBA에서는 학생들에게 폐업 위기에 놓인 레스토랑을 도와주는 과제를 내주었다. 학생들은 레스토랑의 재무 상황을 분석하고, 전체적인 관리 시스템을 개선하여 최종적으로 20%의 매출을 끌어올렸다. 이 과정을 통해 학생들은 시장 마케팅, 재무 관리 등의 실질적인 기능을 배울 수 있었다. 이러한 현장 경험은 교실에서 지식만 습득하는 것보다 훨씬 가치 있고 효과적이다. 몸소 체험하고 경험하기 때문이다.

미래 교육의 방향은 체험식 교육이다. 하지만 그런 교육을 받지 못했다고 걱정할 필요 없다. 우리의 인생이야말로 모든 걸음, 모든 순간이 체험이고 경험이기 때문이다.

모든 좌절과 모든 경험은 인생의 일부분이며, 그 일부가 모이고 쌓여서 지금의 나를 만든다.

그러니 마음껏 체험하고 경험하길 바란다. 안정적이고 편안한 바운더리를 벗어나 더 많은 사람을 사귀고, 더 많은 곳을 가보고, 해보지 못한 일을 시도하길 바란다. 때론 이해하기 힘든 아픔과 좌절이 있겠지만, 그것조차 인생의 경험이라고 생각하자. 그 역시 당신이 걸어가는 길의 일부가 될 것이다.

절대
손해 보지 않는 투자

투자의 귀재 워런 버핏Warren Buffett이 비서에게 물었다. "자네, 40년 전에 가장 인기 있던 초콜릿이 무엇인지 아는가?" 답은 '스니커즈'였다. "그렇다면 지금 가장 잘 팔리는 초콜릿은 뭘까?" 역시 '스니커즈'다.

워런 버핏의 투자 신념은 내게 '유행을 좇지 말고 확실한 것을 좇아야 한다'라는 가르침을 주었다. 모든 것이 찰나에 변하는 이 시대에 중요한 건 변화를 예측하는 것보다 변하지 않는 것의 가치를 발견하는 것이다.

그렇다면 향후 10년 동안 변하지 않는 것은 무엇일까? 다시 말해 손해 보지 않는 안정적인 투자는 무엇일까? 답은 하나다. '나에게 투자하는 것'이다. 그러려면 앞으로 10년 동안 반드시 지켜야 할 것이 있다. 바로 '건강'이다.

지금부터 나는 과학적인 각도에서 건강을 유지하는 방법 네 가지를 알려주려 한다. 순서는 중요도에 따라 나열했다.

1. 규칙적인 운동

지속적이고 과학적인 운동 계획을 세우고 명확한 목표를 설정해야 한다. 내가 추천하는 방법은 'SMART 원칙'이다. 'SMART'는 다음 용어의 첫 글자를 딴 약자이다. S(Specific): 구체적일 것, M(Measurable): 측정 가능할 것, A(Achievable): 달성 가능할 것, R(Relevant): 관련성이 있을 것, T(Time-bound): 기한이 있을 것.

이를테면 러닝이나 사이클, 수영과 같은 운동을 매주 3~5회, 30~60분 꾸준히 하는 것이다. 이것은 체지방 감소, 체력 증진에 많은 도움이 된다. 근력 운동이나 요가 등 체형 보정에 도움이 되는 운동을 병행하면 건강은 훨씬 더 좋아진다.

나는 러닝을 즐긴다. 달리면서 상쾌함과 편안함을 동시에 느끼기 때문이다. 물론 초반에는 작심삼일의 굴레를 벗어나지 못할 때도 있었다. 처음 러닝을 접하게 된 건 2020년이었다. 당시 영화 <오살 Sheep Without a Shepherd> 시즌 1을 촬영 중이었던 배우 샤오양肖央이 이제 막 러닝에 빠진 상태였고, 나를 꾀어 함께하게 되었다.

참 아름다운 겨울의 어느 날이었다. 공원의 나무는 낙엽이 거의 다 진 상태였다. 우리는 장갑과 모자를 쓴 채 달리기 시작했다. 처음 1~2km 구간에서 나는 호흡조차 제대로 내쉬지 못해 포기하고 싶은 마음이 굴뚝같았다. 하지만 샤오양은 조바심 내지 말고 매일 조금씩 하면 어느새 달리는 게 습관이 될 거라고 했다.

얼마 후 그는 본격적인 촬영에 들어가면서 바빠졌고, 우리는 클라우드로 러닝 상황을 공유했다. 나는 작은 목표를 세워 실천하기 시작했다. 첫째 주에는 주 3회 2km만 뛰기, 2주 차는 3km, 3주 차는 5km, 4주 차에는 10km로 점점 늘려갔다.

아직도 생생하게 기억난다. 10km를 뛰었던 그날, 나는 진정으로 러닝에 빠져들었다. 쉬지 않고 지속한 결과, 이제는 누적 4천 km까지 돌파하는 쾌거를 달성하기도 했다. 매일 나가서 공원을 달릴 때마다 걱정과 스트레스는 땀과 함께 사라졌고, 몸에도 변화가 일어났다. 건강도 좋아졌을 뿐 아니라, 끈기와 지구력도 길러졌다.

내 자랑을 하고 싶은 게 아니다. 여러분도 할 수 있다. 그러니 절대 쉽게 포기하지 말자. 운동은 건강을 증진하기도 하지만, 전체적인 삶의 패턴을 바꾼다. 꾸준히 운동하면 알게 될 거다. 당신도 원래 더 멀리, 더 오래 뛸 수 있던 사람이었다는 걸.

2. 식단 개선

식단의 경우 가장 중요한 건 균형 잡힌 영양이다. '원 푸드 다이어트'처럼 한 종류의 음식만 섭취하기보다는 여러 가지를 조금씩 먹는 것이 더 좋다. 채소, 과일, 잡곡, 살코기, 생선 모두 골고루 섭취해야 한다. 흔히 아는 '지중해 식단'이 영양소는 풍부하면서 포만감도 적절히 채워준다. 지방, 섬유질, 식물성 단백질, 항산화 물질을 고루 포함하고 있어 심혈관 건강 및 만성질환을 예방하는 데 효과적인 것으로 알려져 있다.

세계보건기구WHO는 성인의 경우 만성질환을 예방하기 위해 매일 400g 이상의 과일 및 채소를 섭취할 것을 권장한다. 통밀빵, 현미, 오트밀은 식이섬유가 풍부하고 심혈관 질병과 2형 당뇨병의 위험을 낮춘다. 살코기, 생선, 콩류, 견과류는 인체에 필요한 아미노산을 공급한다.

너무 복잡하다고 생각되면 두 가지만 기억하면 된다. **첫째, 과식하지 말 것, 둘째, 무엇이든 먹되 영양의 균형을 맞출 것**. 이 두 가지만 잘 해내면 건강한 식습관을 유지할 수 있다.

개인적으로 마이클 모슬리Michael Mosley의 『간헐적 단식법: 전세계 열풍 5:2 다이어트』(토네이도, 2013)와 데이비드 펄머터David Perlmutter의 『그레인 브레인Grain Brain: 탄수화물은 어떻게 우리의 뇌를 파괴하는가』(시공사, 2023)를 읽고 많은 도움과 영감을 얻었다. 그 밖에도 패트릭 홀포드Patrick Holford의 『100% 건강한 사람들의 10가지 비밀』(세상풍경, 2012)이나 지중해 식단을 담은 레시피 도서를 참고하면 많은 도움이 될 것이다.

3. 수면

나는 하늘이 무너지지 않는 한, 잠을 충분히 자는 스타일이다. 무슨 일이 있어도 최소 7시간은 자려고 노력한다. 그래야 에너지가 회복되기 때문이다.

수면에 관해서는 니시노 세이지西野精治의 『스탠퍼드식 최고의 수면법』(북라이프, 2017)이라는 책을 추천하고 싶다. 책에서는 '적게 자도 피곤하지 않은 90분 숙면의 법칙'을 소개한다. 매일 충분한 수면 시간을 확보하기 어렵다면 잠이 든 직후 90분 동안만 숙면을 취해도 된다는 이론이다. 90분 동안 푹 자면 7시간을 잔 것과 같은 효과를 낼 수 있다. 만일 낮잠 자는 습관이 있다면 최대한 이 시간을 20분 이내로 조절하는 것이 좋다. 잠들기 전에는 격렬한 운동이나 카페인 섭취를 줄이고, 독서나 일기 쓰기 등으로 마음을 편안하게 만든다. 또한 블루라이트를 피하고 침실은 어둡고 조용하며 쾌적한 환경으로 조성해야 한다.

4. 긍정적 마인드

사람들에게 자주 하는 얘기가 있다. 기분은 나에게 무슨 일이 일어났는지보다는 그 일을 어떻게 바라보느냐에 따라 달라진다. 일이 뜻대로 잘 풀리지 않을 때, 혹시 하늘이 내게 어떤 깨달음을 주려는 건 아닌지, 내가 성장할 계기가 되진 않을지 생각해 보자. 긍정적인 마인드로 세상을 바라보면 기분은 자연스레 좋아지기 마련이다.

한번은 SNS를 보고 있는데 내 게시물에 달린 악성 댓글이 눈에 들어왔다. 상당히 자극적이고 공격적이었다. 처음에는 화가 났고 해명도 하고 싶었다. 그러다가 이내 그만두었다. 이 상황을 한 편의 토크쇼라고 생각했다. 상대가 '비평의 예술'을 행하는 중이라고 생각하자 오히려 웃음이 났다. 머릿속으로 댓글을 단 사람과 대화를 나누는 장면을 상상했다.

"선생님, 그런데 제게 왜 그렇게 화가 나신 건가요?"

"당신이 쓴 글이 너무 하찮아서요."

"아…. 그렇다면 혹시 부탁 하나 드려도 될까요? 제 글을 보신 김에 오탈자 좀 잡아주시겠어요?"

당신과 아무런 상관도 없는 사람 때문에 기분을 망칠 필요 없다. 나는 휴대전화를 내려놓고 밖으로 나가서 신선한 공기를 마시며 걸었다. 그러자 금세 기분이 나아졌다. 그날의 일을 나는 이렇게 결론지었다. '모르는 사람이 한 말은 그가 길에 버린 쓰레기 같은 거야. 그걸 주워서 뭐에 쓰겠어?'

그 사건 이후로 나는 스스로 규칙을 하나 정했다. **누군가가 나를 비난하면 '일리 있는 부분'만 골라서 듣고 나머지는 버릴 것.**

세상은 넓다. 곳곳에는 이상하고 희한한 소리로 넘쳐난다. 나는, 당신은 그들이 하는 말을 막을 수 없다. 그러나 우리의 기분은 우리 스스로 결정할 수 있다.

앞으로 10년 동안 당신과 동기들 사이의 '격차'를 결정하는 건 다름 아닌 '건강'이 될 것이라 장담한다. 앞에서 말한 네 가지를 잘 실천한다면 남보다 빨리 뛸 순 없어도 멀리 갈 수는 있을 것이다.

인생은 단거리 달리기가 아니다. 오랫동안 이어지는 마라톤이다. 앞으로 10년 동안 건강과 긍정적 마인드를 잘 유지해 당신의 삶이 더욱 나아지길 간절히 소망한다.

AI가
돈을 분배하는 시대

이번 장을 마무리하며 여러분에게 하고 싶은 말이 있다.

"살아남으라."

지금 시대에 무엇보다 중요한 건 '살아남는 것'이다. 살아남는 건 두 가지 의미로 나눌 수 있다. **하나는 목숨, '생명을 잘 지키라'는 의미이며, 또 다른 하나는 '버티고 견뎌내라'는 의미다.** 만일 지금 창업 혹은 새로운 일을 준비하고 있다면 기억하라. 쉽게 포기하거나 물러서지 말고 절호의 기회를 기다려라. 준비된 자에게 반드시 기회는 온다.

내 이야기를 예로 들어보자. 사실 나는 지금 꼭 일하지 않아도 된다. 지금까지 모아둔 돈으로도 충분히 편안하게 살 수 있다. 하지만 나는 아직도 최소 일 년 단위로 새 책을 출간한다. 이유는 간단하다. 활력을 유지하면서 '게임판'에 머무는 것이 삶에 동력을 제공하기 때문이다.

얼마 전 읽은 뉴스가 기억에 남는다. 중국 국제금융공사에 다니던 한 젊은 여성이 해고 통보를 받고 결국 생을 마감했다. 보통 높은 연봉은 엄청난 스트레스를 담보로 한다. 관련 기사를 더 찾아보니 안타깝게도 그녀는 자신을 너무 막다른 길로 몰아붙인 듯했다.

그녀는 피나는 노력 끝에 명문대에 진학했고, 졸업 후 그 힘들다는 중국 국제금융공사에 당당히 합격했다. 그런데 들어가 보니 주변에는 재벌 2세들과 수억대 연봉을 받는 '금융맨'들이 넘쳐났다. 때로 '시대'는 엘리베이터와 같다. 잘 타기만 하면 뭘 하든 위로 올라간다. 반대의 경우 아무리 애를 써도 아래로, 아래로만 내려간다. 아마 그녀는 그 사실을 간과했던 것 같다.

나는 금융 업계 출신은 아니지만 데이터나 보고서 들여다보는 걸 좋아해 정부 업무 보고서나 업계별 데이터를 주기적으로 살펴보는 편이다. 이를 기반으로 2023년에는 친구에게 여유 부동산을 빨리 매도하고, 더는 부동산에 투자하지 말 것을 권유했다. 매달 천만 원 남짓의 대출 이자를 견뎌낼 수 있는 사람은 많지 않기 때문이었다. 앞으로 직장이 어떻게 될지도 모르는 상황에서 어떻게 만기까지 무시히 상환하리라 보장할 수 있겠는가? 사람들은 보통 그런 결정을 내릴 때 미래를 매우 낙관적으로 예측하고 긍정적인 가설을 세운다. 회사는 감원하지 않을 것이며, 본인은 평생 일할 수 있을 거라는 예측. 하지만 현실은 어떤가? 본인이 계획한 대로만 흘러가는 인생을 사는 사람이 과연 세상에 몇 명이나 될까?

고대 그리스 철학자 플라톤Plato의 '동굴 비유'가 있다. 태어날 때부터 동굴에 갇혀 산 사람은 벽에 비친 그림자만 보며 그것이 세상 전부라고 인식한다. 하지만 고개를 돌려 동굴 밖으로 나가면 상상치도 못한 광활한 세상이 기다리고 있다.

지금처럼 경제 발전이 더디게 진행되는 때에 한 개인으로서 할 수 있는 가장 지혜로운 행동은 '아무것도 하지 않는 것'이다. 혹자는 말도 안 되는 소리라고 생각할지 모른다. 하지만 잘 생각해 보라. 지금, 이 세상에 '말이 되는' 논리대로 흘러가는 일이 과연 얼마나 될까? 무엇보다 사실 '살아남는 것'이야말로 가장 시급한 일이다.

내가 계속 여러분에게 이렇게 말하는 이유는 인공지능을 공부하게 되면서 깨달은 것들이 있어서다.

전문가들은 대체로 인간의 지적 능력을 모방해 다양한 문제를 스스로 해결하는 범용 인공지능(AGI)의 시대가 2027년쯤에 정식으로 도래하리라 예측한다. AGI는 지금의 AI와는 달리 여러 영역에서 인간과 비슷한 수준의 지식 능력을 뽐낼 것이다. 그때가 되면 우리의 라이프 스타일에 전례 없는 변화가 일어날 수 있다. 이를테면 아침에 눈을 떠 침대에 누운 채 가벼운 명령 하나로 자동으로 배달된 모닝커피를 마시는 것 등이다.

이러한 미래가 실제로 2027년, 혹은 그보다 조금 늦게 시작될 것이다. 그런 모습을 직접 보고 싶지 않은가? 만일 지금 포기하면 당신은 앞으로 펼쳐질 시대에 마땅히 설 자리를 찾지 못할 것이다.

실리콘밸리의 전문가들은 AGI 시대 이후에는 '초지능 인공지능(ASI) 시대'가 올 것이라고 말한다. ASI는 인간의 지적 능력을 압도적으로 뛰어넘어 창작 활동은 물론, 감정과 정서의 이해나 도덕적 판단 등의 분야에서 인간을 능가할 것이라는 예측이 지배적이다. 인류가 자랑스러워하던 능력이 ASI 앞에서 힘을 잃게 되는 시대가 오는 것이다. 앞으로 인류의 존재적 의미나 역할에도 엄청난 변화가 일어날 것이다. 당신은 그러한 변화를 맞이할 준비가 되었는가?

일론 머스크는 보편적 기본소득Universal basic income, UBI[8] 시대를 예견하기까지 했다. AI로 인한 일자리 감소를 대비해 정부가 모든 국민에게 아무런 조건 없이 기본적인 소득을 지원하여 생계의 어려움에서 벗어날 수 있게 한다는 주장이다.

앞으로 **AI는 사회에 부를 창출하여 분배하는 역할을 할 것이다.** 이러한 시대가 온다면 우리 사회는 어떻게 재편될까? 부동산의 가치는 대폭 변할 것이며, 의료 및 교육 체계에도 근본적인 변화가 일어날 것이다.

---

8 일정한 기본소득을 보장함으로써 생계를 안정시키고, 소득에 존재하는 불확실성을 제거함으로써 삶의 질을 높인다는 개념.

정말로 보편적 기본소득의 시대가 실현된다면 모든 사람은 기초적인 생계의 압박에서 벗어나 충분한 경제적 보장을 받을 수 있다. 먹고살기 위해 고군분투하는 시대는 얼마 지나지 않아 종결될 것이다. 인간은 생계를 걱정하지 않은 채 자유롭게 공부하고 여행하고 창작하며 사랑하고, 나 자신과 대화를 나누고 인생의 방향을 탐색하며 과학기술의 편리함을 누릴 것이다.

이러한 변화가 목전에 성큼 다가왔다. 잘 보이지는 않아도 결국에는 현실이 될 것이다. 이러한 미래를 놓친다면 그건 당신 손해다. 그러니 다시 강조한다. 순환의 법칙을 기억하라. 시대가 암울해질수록 미래는 밝다. 시대가 순탄하다면 반드시 그다음은 가파른 오르막길이다.

준비하라. 살아남으라. 그날이 오기 전까지.
살아남으라. 미래를 향해 나아가라.
당신의 상상을 초월하는 세상이 눈 앞에 펼쳐질 것이다.

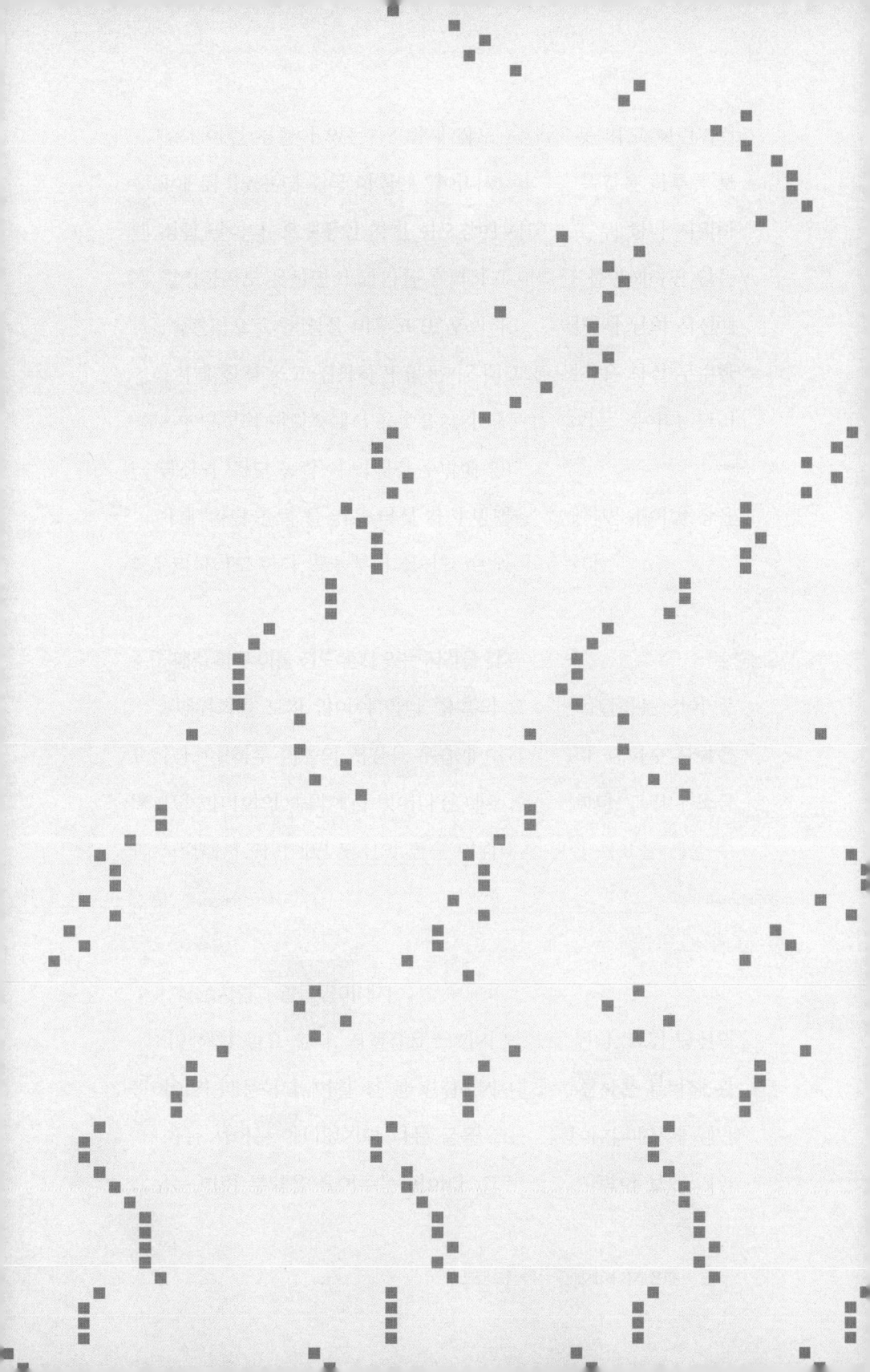

자금 편

돈은 인지와 의지를
갖춘 자에게
저절로 따라온다

사람들의 이목이 쏠리는 곳,
그곳에 돈이 흘러든다.

앞으로
어떤 일자리와 업계가
돈을 벌까?

하루에도 수십 명이 넘는 사람에게 같은 내용의 DM을 받는다. '돈을 많이 버는 일은 뭘까요?' '앞으로 돈 버는 업계는 뭘까요?'

여기에 대한 내 생각은 단순하다. **당신이 몰입해서 좋아하는 그 일이 바로 돈을 버는 일이다.** 다소 실망했을 수 있지만, 사실이다. 내가 좋아하는 일은 누가 시키지 않아도 더 파고들고 싶은 생각이 든다. 파고들면 들수록 전문성은 높아진다. 전문성이 더해지면 점점 더 잘하게 되어 돈을 벌 수 있다. 돈을 벌면 벌수록 그 일이 더 좋아진다. 이게 바로 진정한 선순환이다. 그리고 모든 업계가 이런 식으로 돌아간다.

세계적으로 유명한 일본 소설가 무라카미 하루키村上春樹도 처음에는 단순히 글쓰기가 좋아서 시작했다고 한다. 평생 글로 돈을 벌며 살 수 있을 거란 생각을 하진 않았다. 하지만 부단히 정진한 결과 그의 작품은 세계적인 베스트셀러가 되었고, 수많은 독자의 마음을 울렸다.

한 통계에 따르면 2023년 중국 내 크리에이터 경제 규모는 이미 20조 원에 육박하는 것으로 나타났다. '좋아하는 일'이 부를 창출하는 루트가 되고 있음을 충분히 증명하는 수치다.

예전에 어느 고등학교의 북 콘서트 행사에서 한 여학생이 물었다. "저희 세대는 뭐든지 할 수 있지만 뭐든지 잘하지는 못하는 것 같아요. 정보가 넘쳐나고 나이도 어려서 뭐든 할 수 있을 것 같은데 뭘 해야 할지 잘 모르겠어요. 앞으로 무슨 일을 선택하는 게 좋을까요?" 정말 탁월한 질문이었다.

내가 어릴 때만 해도 인터넷이 그렇게 발달하지 않았었다. 일단 방향을 정하면 그걸 쭉 밀고 나가는 것밖에 다른 방법이 없었다. 하지만 지금은 다르다. 선택지가 많아졌지만, 그로 인해 사람들은 더 혼란스러워졌다. 요즘 젊은이들은 이직률이 높다. 일을 해보다가 마음에 안 들면 바로 그만둔다. 그 때문에 한 업계에서 좌절을 만나고 그걸 극복하고 이겨내 마침내 성취감과 기쁨을 만끽하는 과정을 즐기지 못한다. 하지만 이러한 과정이야말로 어떤 일을 전문적으로 잘해내는 데 반드시 필요한 부분이다.

또한 선택을 잘못한다는 건 그만큼 기회비용이 들어간다는 말이다. 일단 잘못된 결정을 내리고 나면 번복할 때 그 이상 힘들다. 대학 졸업 후 첫 직장을 잘못 선택하면 '대졸 초년생'이라는 신분으로만 가질 수 있는 장점을 잃는 셈이다.

지금처럼 변화가 빠르게 일어나는 시대에는 어떤 방식으로 직업을 결정하고 선택하는 게 좋을까?

첫째, 대도시

예전에 한 고등학교 졸업식에서 학생과 학부모에게 했던 축사 중 한 대목을 인용하려고 한다.

"앞으로 여러분은 수많은 선택을 해야 할 겁니다. 전공, 학교, 도시 등 모든 것이 선택의 연속이죠. 그중에서도 가장 중요한 건 도시입니다. 도시는 여러분이 사용할 자원과 삶의 기준을 결정합니다. 그것들은 앞으로 여러분 인생에 소중한 자산이 될 것입니다. 미래에는 인공지능으로 얼마든지 지식을 얻을 수 있습니다. 이제는 한 분야에만 전문성을 보이는 사람이 아닌, 여러 방면에 다재다능한 인재가 필요합니다. 한 영역에서만 특출나면 인공지능으로 대체되는 순간, 무너질 수밖에 없습니다. 다른 재능으로 이러한 손실을 메울 수 있어야 합니다."

둘째, 대기업

대기업을 추천하는 이유는 그 안에 숨은 잠재력 때문이다. 나의 첫 번째 직장은 중국 최대 사교육 그룹인 신둥팡新東方이었다. 나는 아직도 그 회사를 선택한 것에 매우 감사하고 있다. 기업가들 사이에서는 신등팡을 일명 '창업자 사관학교'라고 부른다. 그만큼 탁월한 인재를 많이 배출하기 때문이다. 신등팡 출신의 인재들은 표현력, 필력, 창의력 등 각자의 재능을 바탕으로 여러 업계에서 이름을 날리고 있다. 중요한 건 대기업에서는 승진이 빠르진 않지만, 나보다 유능한 사람들을 많이 만날 기회가 있다는 사실이다.

대기업을 선택하는 건 다시 말해 인맥을 선택하는 것과 같다. 이는 당신이 두 번째, 혹은 세 번째 직장을 선택할 때 디딤돌 역할을 해줄 것이다. 30대가 되면 창업을 선택하는 사람이 많다. 이때 함께하는 파트너는 대부분 대기업에서 같이 일했던 동료들이다. 사업에 대한 가치관과 업무 처리 방식도 비슷해 함께 일을 도모하고 사업을 추진하기 좋아서다. 그래서 중국 창업계에는 수많은 '알리 출신'이 존재한다. 알리바바에서 일을 배우면서 '알리 생태계'를 만든 사람들이 회사를 나와 창업의 조류에 편승하기 때문이다.

셋째, 새로운 길

내가 제일 많이 하는 조언이기도 하고, 또 직업을 선택할 때 가장 중요한 요소이기도 하다. 미국의 심리학자 모건 스콧 펙Morgan Scott Peck이 1978년에 쓴 『아직도 가야 할 길』(율리시즈, 2025)에는 "마음과 생각이 성숙한 사람은 남들이 가보지 않은 길로 걸어간다"라는 구절이 나온다. 그 길로 가려면 용기와 결단력, 의지력과 끊임없이 생각하는 자세가 필요하기 때문이다. 안타까운 건 요즘 이런 젊은이들이 사라져 간다는 점이다. 요즘은 대부분이 일자리를 구할 때 대세를 따른다. 그러나 **사람이 차고 넘치는 그 길을 힘겹게 비집고 들어서**

는 것보다는 용기를 내서 새로운 가능성을 탐색하는 것이 낫다. 그곳에서 자신만의 새로운 길을 개척해 보자.

향후 5~10년 안에는 다음과 같은 산업이 빠르게 발전할 것으로 보인다.

○ **인공지능:** AI 프롬프트 엔지니어, AI 개발 인력, AI 데이터 어 노테이션 전문가 등
○ **디지털 경제:** 디지털 자산 관리사, 메타버스 프로젝트 기획자 등
○ **친환경 에너지:** 온실가스 배출권 관리사, 지속 가능한 발전 상 담사 등
○ **1인 미디어 및 쇼트폼 영역:** 콘텐츠 크리에이터, 브랜드 지식재 산권IP 매니저, 라이브 방송 PD 등

사람들이 많이 가지 않을 길을 택하면 블루오션을 포착해 단기간 에 좋은 아웃풋을 낼 수 있다.

넷째, 너무 힘든 일은 피하기

돈을 벌고 싶다면 너무 힘든 일은 하지 않아야 한다. 상사가 아무 리 고과를 잘 주고 상여금을 많이 준다고 해도 일 때문에 불면증이 나 탈모 등의 증상에 시달리고, 심지어 매번 병원을 드나들어야 하 는 상황이라면 즉시 중단해도 좋다.

당신을 힘 나게 하는 일은 무엇인가? 당신이 잘하고, 좋아하고,

열중하는 일이다. 가장 중요한 건 당신 자신이다. 내가 이렇게 오랜 시간 계속 글을 쓸 수 있는 건 매일 적는 한 글자 한 글자가 모두 내 저작권임을 알기 때문이다. 출판만 하면 더 많은 사람에게 내 글을 선보일 수 있고 내가 100살이 되어도, 심지어 세상을 떠난 뒤에도 그 글의 저작권은 나에게 속한다.

그러니 결국은 '내가 좋아하는 일'을 택할 수밖에 없다. 당신이 좋아하는 그 어떤 일, 이를테면 글쓰기, 그림, 노래, 컴퓨터 작업 등이 모두 당신의 디지털 자산이 될 수 있다. 미래에는 모든 사람이 디지털 자산을 보유한다.

나는 『부자 아빠 가난한 아빠』(민음인, 2022)의 저자 로버트 기요사키Robert Toru Kiyosaki의 글을 특히 좋아한다.

"매일 일에 치여 사는 사람은 돈을 모을 시간이 없다."

그의 지적에 깊이 공감한다. 왜냐하면 그런 식으로 살아가는 사람들은 결국 '부富'라는 것은 개인의 의지와 노력에 대한 보상이라는 걸 깨닫지 못하기 때문이다. **돈이라는 건 마음에 의지를 품고 진정한 성과를 내는 사람에게 따라오는 법이다.**

다섯째, 모방

옛날에는 '돌다리도 두들겨 보고 건너라'고 했다. 하지만 그런 시대는 이미 지났다. 이제는 성공한 사람이 걸어간 그 길을 성큼성큼 따라가야 한다. 도저히 앞이 보이지 않아 막막하다면 본받고 싶은 대상을 하나 정해보자. 그들의 방법을 배워 터득하고 나면 당신 역시 누군가 모방하고 싶은 인물로 변해 있을 것이다.

당신을 지지하는 구독자나 능력, 자원, 돈을 어느 정도 모았다면 이제 당신의 진가를 드러내야 한다. 모방의 과정에서 아마도 그걸 흡수해 자신만의 것으로 재탄생시킨 것이 있을 것이다. 그걸 당신만의 독특한 삶의 방식이나 성장 방식, 비즈니스 방식 등으로 만들어 내야 한다. 이런 방식으로 끊임없이 개선하고 노력하면 남들과는 다른 사람으로 거듭날 수 있다.

끝으로 이제 막 사회생활을 시작한 사회 초년생들에게 커리어 계발에서 필요한 세 가지 키워드를 말해 주고 싶다. **첫째는 능력, 둘째는 환경, 셋째는 기회**다. 이 세 가지를 꼭 기억하길 바란다.

먼저 당신에게 어떤 능력이 있는지 분석하라. 그다음 자신이 좋아하는 환경은 무엇인지 생각해 보자. 조용한 공간에서 혼자 컴퓨터로 작업하는 게 좋은지, 많은 사람과 함께 일하는 게 좋은지 등을 파악하라. 그런 다음, 이 시대의 트렌드와 기회를 살피자. 쇼트폼, 이커머스, AI와 같은 것을 결합하면 당신에게 가장 적합한 선택을 하는 데 도움이 될 것이다.

이와 관련해 더욱 구체적인 단계별 플랜을 제시하고자 한다.

○**1단계. 흥미 및 관심사 테스트:** 홀랜드 검사 등의 직업 적성 테스트를 활용해 내가 가장 좋아하는 것이 무엇인지 세 가지 나열하기

○ **2단계. 세 개 목표 도시와 회사 정하기:** 해당 도시의 취업 기회, 대기업 분포 및 업계 발전 현황 분석하기

○ **3단계. 공부:** 미래를 위해 코딩, 쇼트폼 편집, AI 프로그램 사용법 등을 익혀 향후 커리어를 위한 초석 닦기

○ **4단계. 롤모델 찾기:** 모방하고자 하는 업계의 모델을 찾아 성장 방법 공부하고 따라 하기

○ **5단계. 실천 및 조율:** 커리어 계획을 실행하면서 업계의 변화와 개인의 성장 속도에 맞춰 언제든지 열린 마인드로 조율하기

정리하자면 결국 우리에게 필요한 건 새로운 길을 개척할 용기이다. 선택의 본질은 '행동'이지 '생각'이 아니다. 첫걸음을 내딛는 걸 두려워하지 마라. 어떤 선택을 하든 수확이 따를 것이다. 부지런히 움직이고 노력해야 그 무엇으로도, 누구로도 대체할 수 없는 이 시대에 진정으로 필요한 강자가 될 것이다. 이제, 당신이 걸음을 내디딜 차례다.

부자들의
여덟 가지 사고방식

　돈을 잘 버는 사람들에겐 어떤 특징이 있을까? 주변에 본인 노력으로 큰돈을 번 사람들을 인터뷰해 본 결과, 다음과 같은 여덟 가지 특징을 발견할 수 있었다. 제목을 붙이자면 '부자들의 여덟 가지 사고방식' 정도가 되겠다. 이번 장에서 아낌없이 여러분에게 공유하고자 한다.

첫째, 욕망을 분출한다

　돈을 잘 버는 사람들은 돈에 대한 욕망을 숨기지 않는다. 그들은 돈을 좋아하는 건 나쁜 게 아니라고 생각한다. 도리어 본인이 돈을 좋아한다는 사실을 남들에게 알리면 알릴수록 더 많이 얻을 수 있다고 믿는다. 되려 사람들 몰래 돈을 모으고 재산을 불리는 걸 더 두려워한다. 그러면 본인과 함께 뜻을 모으려는 사람이 없어지기 때문이다.

전에 한 투자자와 대화를 나누다가 이런 질문을 했다. "어떤 경우에 두말하지 않고 확신에 가득 차서 투자를 진행하시나요?" 그랬더니 그가 재미있는 대답을 했다. "돈 냄새가 나는 사람이 보이는 경우요." 어느 정도 시간이 지나고 나서야 나는 그 말의 참뜻을 깨달았다. 소위 '돈 냄새' 나는 사람은 본인이 팔고 싶은 게 무엇인지, 무슨 사업을 하고 싶은지, 무슨 일을 하고 싶은지 명확해서 머리부터 발끝까지 그 생각을 드러낸다.

최근 '반자본주의'의 물결이 거세다. 특히 젊은이들 사이에 자본을 반대하는 움직임이 크다. 심지어 기업의 대표는 직원들을 일개 소모품으로 여겨 부려먹기만 하는 나쁜 인간이라고 생각하는 이들도 있다. 하지만 명심하라. 이런 반자본주의 마인드가 겉으로 드러나면 자본은 당신에게서 점점 멀어질 것이다. 누군가 당신과 SNS 친구를 맺었다가 당신의 게시물에서 자본을 비난하고 욕하는 글을 본다면 그날로 언팔로우할지도 모른다. 그렇게 기회는 물 건너갈 것이다.

나중에 그 투자자가 알려준 바에 따르면 '돈 냄새' 나는 사람은 상대를 편안하게 하는 특징이 있다고 한다. 주변에 누가 있든지 일단 그 사람의 입장을 잘 고려하고 배려한다는 것이다. 그런 사람 곁에 있으면 안전감과 편안함을 느끼기 때문에 더 많은 사람이 몰리고 돈과 부는 따라오기 마련이다.

둘째, 비즈니스에 대한 이해도가 높다

비즈니스의 본질은 하나다. 싸게 사서 비싸게 파는 것이다. 뭘 팔아야 할지, 나중에 뭘 팔고 싶은지 매일 치열하게 고민해야 한다. 부자들은 어릴 때부터 아이들에게 비즈니스와 경제관념을 가르치기 위해 아이가 그린 그림이나 필요 없는 장난감을 플리마켓에서 팔아보게 한다. 중요한 건 얼마를 벌었느냐가 아니라, 아이가 물건을 파는 그 느낌과 돈을 버는 즐거움을 경험하는 것이다. 이게 바로 비즈니스의 본질이다.

셋째, 시간을 계량화한다

사람에게 가장 중요하건 사실 '시간'이다. 본인의 '단가'를 잘 알고 나면 능력이 오름에 따라 시간도 더욱 값진 개념으로 변할 것이다. 그러면 결국 고용주가 당신의 시간을 책임지는 걸 부담스러워하는 때가 온다. 그땐 당신 스스로가 고용주가 되면 된다.

충분한 자본을 모았다면 타인의 소중한 시간을 사기 위해 기꺼이 돈을 지불할 줄 알아야 한다.

돈의 흐름은 결국 당신이 자신의 시간을 어떻게 바라보느냐에 달려 있다. 당신의 시간은 오로지 당신 자신의 것이다. 절대 헐값에 다른 사람에게 넘기지 않도록 하라. 만일 지금 누군가 당신의 시간을 싼값에 쓰고 있다면 당장 멈추도록 하라.

넷째, 유능한 사람과 어울린다

'유유상종'이라는 말이 있다. 사람은 자신과 비슷한 사람들과 어울리길 좋아하는 특성이 있다. 품행이 바르지 못한 사람은 그런 사람들과 함께 있을 때 편하다. 누군가를 같이 욕하고 폄훼하고 짓밟을 수 있어서다. 뛰어나고 유능한 사람들 곁에는 유능한 사람들이 존재한다. 함께 창업과 사업의 성장, 나아갈 길을 모색하고 토론할 수 있어서다.

우수한 사람과 품행이 단정치 못한 사람이 함께하는 건 드물다. 그러니 유능해지고 싶다면 먼저 유능한 사람들이 모여 있는 곳을 어슬렁거리는 것부터 시작하라. 그들의 생각과 태도를 본받고, 그들을 뛰어넘는 것이 목표다.

다섯째, 올바른 일을 견지한다

올바른 일이 뭘까? 건전하게 수익을 올리는 일이다. 당신의 자원을 갉아먹는 사람, 혹은 일이 있다면 즉시 멀리해야 한다. 사람에게도 만유인력의 법칙이 작용한다. 내가 믿는 무언가가 있으면 거기에 점점 더 깊이 빠져드는 현상이다. 한때 내가 매일 사람들과의 식사 모임이나 회식 자리에 열심히 참여했더니 사람들이 나를 '회식의 달인'이라고 불렀다. 그래서 더 많은 모임에 참여하며 열심히 시간과 정력을 낭비했고, 자원을 소모했다. 제일 잘하는 걸 한쪽에 방치하고 엉뚱한 곳을 파고들었더니 돈은 물론 재능까지도 점점 내게서 멀어졌다.

여섯째, 열린 생각을 유지한다

나는 늘 사람들에게 법이 금지하는 일만 아니라면 뭐든 시도해 보라고 말한다. '강자'에게 보이는 공통점 하나는 오픈 마인드에, 통통 튀는 생각을 지녔다는 것이다. 그들은 일반적인 상식이나 기존의 통념에 따라 움직이지 않는다. 일반적으로 누구나 할 수 있는 일은 최대한 피하는 게 좋다. 상식에 따라 '카드'를 내지 말라고 하는 이유는 성공은 소수의 사람에게만 주어지는 행운이며, 부 역시 소수 사람의 손에만 들어가기 때문이다.

일곱째, 행동력이 강하다

아마 이 책을 본 독자들은 실천하는 사람과 그렇지 않은 사람으로 나뉠 것이다. 강자와 약자의 차이는 여기서 발생한다. 생각만 하고 있으면 달라지는 게 없다. 행동으로 옮겨야 한다. 약자는 준비만 하지만, '강자'는 바로 행동한다. 많은 사람이 조건이 아직 미비하고 자원이 부족하다고 원망한다. 그러나 '고수'는 먼저 발을 내디딘다. 그들도 조건이 완벽하지 않은 건 마찬가지다. 하지만 행동하는 중에 해결 방법을 찾는 것이 남들과 다른 점이다.

여덟째, 먼저 목표를 정한 다음 자원을 찾는다

보통 우리는 무슨 자원이 있는지 살핀 후 할 일을 결정하지만, 성공의 논리는 정반대다. 먼저 목표를 정한 다음 행동하면서 거기에 필요한 자원을 찾는다.

돈을 잘 버는 사람들은 목표를 실현하기 위해 돈이 없으면 돈을 구하고, 방향이 없으면 방향을 정하고, 사람이 없으면 사람을 찾는다. 누구와도 기꺼이 협력하고 누구와도 기꺼이 협상한다. 목표를 위해 계획을 세분화하여 단계적으로 실천하고, 다시 일곱 번째로 돌아가 실천하고 행동한다. 이것이 부자들의 사고방식이다.

세컨드 잡을
선택하는 기준

흔히 부업이라고도 하는 '세컨드 잡'에 대해 사람들이 오해하는 게 있다. 보통 세컨드 잡은 돈을 많이 벌지 못할 것이라는 생각이다. 이런 마음가짐으로 세컨드 잡을 하면 보통 며칠 혹은 몇 달 가지 않아 금세 포기하고 만다. 그래서 이번에는 진정한 가치를 지닌 세컨드 잡에 관해 이야기를 나눠보고자 한다.

나는 확실히 세컨드 잡에 있어 성과를 본 사람이다. 처음 본업은 신둥팡에서 했던 강사 일이었다. 신둥팡을 나온 뒤에는 페이츠 아카데미를 열었고, 그다음에는 대학생 전용 커리큘럼 플랫폼 카오충을 운영했다. 지금은 캐나다에서 두 개의 인공지능 회사를 설립해 운영 중이다. 그런데 나는 기업가보다는 작가로서의 인지도가 더 높다. 개인적인 경험에 근거해 볼 때 앞으로는 본업과 세컨드 잡의 경계가 점점 모호해질 것이다. 일반 사람들도 여가를 활용해 얼마든지 수입을 창출할 수 있다. **세컨드 잡에서 가장 중요한 것은 취미와 열정이다.**

그렇다면 잠시 책을 덮어두고 두 가지 질문을 잘 생각해 보길 바란다. 첫째, 본업 외에 당신이 가진 재능이나 기능 중 부업으로 삼을 수 있는 것은 무엇이 있을까? 둘째, 당신이 정말로 좋아하는 일은 무엇인가? 특히 두 번째 질문이 아주 중요하다. 본업은 내가 정말 좋아하는 일이 아닐 수도 있다. 그렇다면 당신이 정말 좋아하고 잘하는 일을 부업으로 삼지 않을 이유가 무엇인가? 이어서 네 가지 중요한 조언을 해주고 싶다.

첫째, 일단 어떤 것이든 시도해 볼 것

신둥팡에서 강사 일을 할 때 매달 등록하는 수강생의 인원에 따라 받는 금액이 널을 뛰었다. 하지만 베이징에서 생활을 유지하려면 고정적으로 들어가는 비용이 있다. 그래서 나는 퇴근 후 정말 많은 시간을 투자해 글쓰기를 연구해 다양한 방식으로 시도했다. 어디에 정식으로 등록해서 글쓰기를 배운 건 아니었다. 그냥 공부하면서 바로바로 써보는 연습을 했다. 안타깝게도 지금은 시작도 해보기 전에 자기를 부정하고 목표로부터 멀어지는 친구가 너무 많다.

예전에 동영상 채널을 운영해 보고 싶다며 조언을 구한 친구가 있었다. 나는 그를 만나 정말 열정적으로 조언해 주고 응원을 아끼지 않았다. 하지만 그는 입담이 없다느니, 얼굴이 공개되는 게 꺼려진다느니 자꾸만 갖은 이유를 대며 시작을 미뤘다. 결국 여덟 번이나 그를 만났지만, 아직도 그의 채널을 보지 못했다.

세컨드 잡을 선택할 때는 남의 이야기나 의견에 지나치게 귀 기울일 필요 없다. 그냥 걸어가면서 한 번씩 주변을 둘러보는 느낌으로 하면 된다.

둘째, 세컨드 잡도 본업처럼 진지하게 대할 것

장담컨대 미래에는 본업과 세컨드 잡의 경계가 모호해질 것이다. 예를 들어보자. 한 도시의 전력 공사에 다니는 컴퓨터 엔지니어가 있었다. 그의 주요 업무는 발전소의 컴퓨터 시스템을 유지 보수하는 일이었다. 글쓰기를 좋아하는 그는 부업으로 소설을 썼다. 그 사람이 바로 한국에서 SF 소설 『삼체』로 유명한 류츠신劉慈欣이다.

많은 작가가 부업으로 글을 쓰기 시작했지만, 본업보다 훨씬 특출난 재능을 보인다. 그런데 그런 사람들을 유심히 관찰하면 공통점이 있다. 바로 부업을 본업처럼 대한다는 것이다. 본업만큼 사랑하고, 본업만큼 열정적으로 임하며, 본업만큼 진지하다.

소설을 쓰는 사람이 그렇게나 많은데 돈을 벌지 못하는 이유가 뭘까? 아무렇게나 쓰기 때문이다. 생각나는 대로 대충 휘갈기고, 심지어 소설을 좋아하지도 않으면서 그저 돈이 된다는 말만 주워듣고 억지로 쓰는 사람들도 있다. 결과는 어떨까? 참담하다.

그러니 제일 먼저 해야 할 일은 자신이 가진 '무기'가 무엇인지, 뭘 좋아하는지 정확히 알아야 한다. 부업은 정말 좋아하는 일, 흥미 있는 일을 선택해야 한다.

엑셀, 워드를 잘하는 사람은 누군가에게 문서 정리 서비스를 해 줄 수 있고, 동물을 좋아하는 사람은 동물을 돌보는 서비스를 할 수 도 있다. 게임 대리 플레이, 본인 대신 누군가와 싸워주는 등의 방식 으로 돈을 버는 사람들도 있다. '과연 그게 될까?'라는 생각이 들지 만 실제로 수요가 존재하고, 수입도 꽤 높은 편이라고 한다.

대인 기피증이 있다면 타인과 접촉하고 교류하는 게 힘들 수 있 다. SNS나 개인 채널을 운영하는 것도 버거울 것이다. 그렇지만 생 각을 조금만 바꾸면 된다. 영상에 꼭 얼굴을 노출해야 할까? 그렇지 않다. 마스크를 써도 되고, 목소리만 노출해도 상관없다. 수많은 유 튜버가 그런 방식으로 고품질의 영상을 만들어 구독자들의 사랑을 받는다.

부업을 본업처럼 대하라. 생각해 보면 우리가 하루에 본업으로 쓰는 시간이 8~10시간 정도이다. 그러면 적어도 퇴근 후에는 내가 정말 좋아하는 일을 해도 되는 거 아닌가?

셋째, 세컨드 잡의 본질: 나를 즐겁게 타인을 이롭게

한동안 정말 많은 사람이 물었다. 대체 라이브 커머스에서 매번 완판하는 비결이 뭐냐고. 경험상 라이브 커머스에서 물건을 팔려고 애를 쓰면 쓸수록 사람들은 등을 돌린다. 들으면 들을수록 내 주머 니에서 돈을 꺼내 가고 싶은 의도가 노골적으로 드러나기 때문이다. 반대로 제품에 대한 내 생각과 솔직한 사용 후기를 대화하듯 들려 주면 오히려 판매율이 자연스럽게 올라간다. 부업의 본질은 미친 듯 돈을 버는 게 아니다. 본인이 좋아하는 일을 남에게 보여주는 것이다. 그런데 좋아하는 일을 정교하게, 전문적으로 해내면 수입은 자연스레 따라오기 마련이다. 흔히 말하는 '성장'이란 당신이 완전히 몰입할 수 있는 일, 그 과정에서 대량의 도파민과 엔도르핀이 분출되는 일, 그런데 그 일로 돈까지 벌게 되는 것을 말한다.

그러니 하고 싶은 일을 하라. 무작정 돈만 좇지 마라. 악착같이 돈을 따라가면 오히려 더 멀리 달아난다. 일을 순조롭게 완성하는 데 초점을 두면 돈은 자연스레 따라올 것이다.

넷째, 인터넷 활용하기

오프라인에서 할 수 있는 모든 일은 온라인을 통해 한 번 더 전개할 수 있다. 그 어떤 기능이나 재능도 온라인에서는 새로운 발전 기회가 된다.

도시의 공장에서 오랫동안 일한 이모가 계셨다. 오십을 넘으면서 나이와 건강을 생각해 일을 접고 고향으로 돌아왔다. 가족 모임 중에 이모는 앞으로 자신이 어떤 일을 하면 좋겠냐고 내게 물었다. 한때 요리사로 일했던 경험이 있는 이모는 특히 제빵에 관심이 많았다. 나는 이모가 좋아하는 그 일을 동영상으로 제작해 볼 것을 권유했다. 얼마 전, 이모가 내 조언대로 꾸준히 150개 정도의 영상을 만들어 개인 채널에 올린 결과, 구독자가 1.2만 명을 넘어섰다고 했다.

내가 글을 쓰기 시작했을 때도 사실 아무것도 가진 게 없었다. 있는 것은 오로지 하나, 글쓰기 습관이었다. 나는 매일 꾸준히 글을 썼다. 지금은 글을 쓰는 것 말고도 영상을 제작하고 블로그나 SNS에

짧은 칼럼을 기재한다. 모두 내 재능을 인터넷과 결합해 개인의 영향력을 넓힌 결과이다.

우리는 온라인 시대에 살고 있다. 이 시대의 인프라를 제대로 활용하는 것만으로도 기회는 훨씬 많아진다. 당신의 재능을 온라인 세상에서 펼쳐보길 바란다.

우주의
시작과 끝은
세일즈로 통한다

왜 요즘 젊은이들은 예전보다 더 오래, 더 열심히 일하고도 충분한 돈을 모으지 못할까? 혹독하고 안타까운 현실이다. 지금 같은 경제 불황에 앞으로 우리는 어떤 직업을 선택하면 좋을지 함께 생각해 보도록 하자. 결론부터 말하자면 답은 하나다. '돈에 가까운 직업'이다.

모든 직장에는 업무 사슬이 존재한다. 정말 중요한 개념이지만 정작 학교에서는 가르쳐 주지 않는다. 나는 서른 살이 넘어 창업하면서 진정한 업무 사슬의 개념을 이해하게 되었다. 만일 이 개념을 모르면 어떤 직업을 선택해야 할지, 취업 후에는 또 어디로 이직해야 할지 기준을 정하지 못한다. 더 심각한 건 돈에서 점점 멀어진다.

신둥팡에서 일할 때의 경험을 예로 들어 업무 사슬의 개념을 설명하려고 한다.

당시 신둥팡은 대형 학원 기업으로 강사, 관리, 마케팅, 영업 및 운영, 관리 감독 등의 담당자가 있었고, 나는 그중 강사직으로 일하는 사람이었다.

직장 안에는 수많은 직원이 존재한다. 그 사람들 개개인이 수행하는 업무는 마치 커다란 기기를 구성하는 하나의 부품과도 같다. 그 커다란 업무 사슬에서 내 위치가 어디인지 정확히 파악해야 한다.

본인의 업무와 역할을 이해했다면 다음으로 돈이 생기는 '고리'를 찾는 게 관건이다. 가치를 창출하는 동시에 돈이 생기는 부분이 바로 그 '고리'이다.

신둥팡의 전체적인 '사슬'은 회사가 구축한다. 내가 그 사슬의 일부로 들어가면 회사는 '나'라는 사람에 대해 임의로 '값'을 매기고, 나는 그것을 받아들여야 한다. 당시 나의 시간당 강의료는 3~4만 원 정도였다. 사슬 구조를 이해하고 나의 위치를 정확히 알고 나니 이런 식으로는 아무리 노력해 봤자 몸만 상할 뿐, 돈과 가까워질 수는 없다는 걸 깨달았다.

그렇다면 신둥팡에서 돈과 가까워지는 방법은 무엇이었을까? 답은 의외로 간단하다. 강의를 팔아야 한다. 그런 이유로 당시 신둥팡에서 월급이 가장 높은 사람은 강사가 아닌 '영업자'였다. 우수한 강사들은 '영업자'와 한 팀이 되어 오프라인 강의실에서 수업한 내용을 그대로 촬영해 온라인에서 판매했고, 동시에 생방송 강의도 진행했다. 그렇게 돈과 가까워졌다.

우주의 시작과 끝은 결국 세일즈로 통한다. 그래서 모든 사람에겐 영업의 기술이 필요하다. 지금 시대, 돈에 가까워지는 업종은 라이브 커머스, 해외 직구, 인공지능 관련 업무 등이다. 이 역시 본질은 결국 '세일즈'다.

✚ 물건 파는 일을 천하게 여기지 마라 ✚

라이브 방송을 할 때마다 댓글이 달린다. '작가랍시고 여기서 물건을 팔고 앉아 있네?' 그런데 나는 이런 댓글을 봐도 화가 나지 않는다. 세일즈가 곧 부를 이루는 핵심이라는 걸 잘 알아서다. '장사꾼'을 비하하고 세일즈를 얕보는 사람의 주머니에는 돈이 들어가지 않는다. 세일즈는 비천하거나 상스러운 것이 아니다.

자녀가 있다면 어릴 때부터 경제관념을 일깨워 주는 것이 좋다. 가장 좋은 방법은 역시 물건을 팔아보는 것이다. 캐나다에서 유학하던 시절, 훌륭한 부모는 아이가 그린 그림을 평가해 주는 대신, 직접 판매하게 하는 모습을 자주 목격했다. 남자아이들은 마당의 잔디를 깎으면 4달러씩 용돈을 받았다. 아이들에게 용돈벌이를 시키려는 목적이 아니다. 돈을 버는 느낌을 체험해 보게 하기 위함이다. 사실 무슨 직업이든 장사는 개인의 시간과 재능, 능력 등을 사용해 가치를 창출한다는 점에서 본질은 같다.

'돈에 가까워지라'는 충고는 내 경험에서 우러나온 진심 어린 권유이자 모든 젊은이에게 하고 싶은 조언이다.

투자에 관한 내 개인의 경험담이다. 한 친구가 창업 후 사모펀드를 목적으로 기금을 모았다. 가장 먼저 그는 기관을 찾아 투자를 위탁했다. 다음에는 그쪽 업계의 '큰손'을 찾아갔다. '큰손'은 친구를 보고 믿을 만하다고 판단했는지 거액을 투자했다. 친구가 찾은 마지막 후보였던 나는 친누나와 함께 나름 많은 돈을 투자했다. 물론 전체 자금에 비하면 새 발의 피와 같은 적은 금액이었다.

그런데 나중에 문제가 생겼다. 급하게 돈이 필요한 일이 있어서 친구에게 말했더니, 함께 투자한 다른 파트너들이 있어 내 돈만 빼기가 여의치 않다고 했다. 게다가 돈이 전부 부동산에 묶여 있어 당장 내줄 수 있는 현금도 없고, 사무실 월세 내기도 빠듯하다는 대답이 전부였다. 나는 이제 폭삭 망했다고 생각했다.

나중에 계속 그를 찾아갔지만, 일은 뜻대로 풀리지 않았다. 지금까지도 나는 돈을 돌려받지 못했다. 그렇지만 제일 먼저 투자했던 기관은 원금을 회수한 것으로 안다. 그저 나 같은 '개미 투자자'들만 돈을 받지 못했다. 이유는 간단하다. 우리는 돈에서 멀리 있었기 때문이다. 그들이 만들어 놓은 사슬의 가장 밑바닥을 비집고 들어가 딱 그만큼 '가격 책정'을 받은 것이다.

✦ 돈과 가까운 포지션에 밀착하라! ✦

그 일을 겪으며 정말 많은 교훈을 얻었다. 나는 사람들에게 기회가 되면 금융 관련 지식을 꼭 공부하라고 일러둔다. 금융이라고 해서 어려울 건 없다. 금융 역시 '분배'의 도구 중 하나일 뿐이다. 만일 지금 직장의 업무가 비교적 안정적이고 형편이 된다면 금융이나 MBA 과정을 공부해 볼 것을 강력히 추천한다. 전문적인 지식을 습득하는 데도 도움이 되지만, 본질적인 자본의 흐름을 이해해 돈에 더 가까워질 수 있기 때문이다.

기억하라. 포지션을 잘 잡아야 한다. 죽으라는 법은 없다. 돈에 가까운 포지션에 있으면 설령 다니던 회사를 떠난다고 해도 당신이 배운 기능과 기술로 얼마든지 난관을 극복할 수 있다.

지금 회사 수익이 백만 원이라고 치자. 당신이 사장이라면 어떻게 돈을 나누겠는가? 단순한 논리로 생각하면 쉽다. 보통 그 돈을 벌어온 공이 가장 큰 사람에게 먼저 나눠주는 법이다. 다음번에도 그가 더 좋은 실적을 내길 바라며 위로와 보상의 차원에서 상여금까지 더해 줄 수도 있다. 이해됐는가? 돈에 가까운 포지션에 있어야 한다. 돈에 가까운 사람이 우선 분배권을 갖는다.

✦ 유행이 아닌 '추세'를 따라라 ✦

돈을 버는 또 다른 비밀이 있다. 바로 '판매'다. 어떤 걸 팔아야 할까? 이번 장 말미에 판매에 관한 중요한 세 가지를 정리해 두었다. 그 전에 먼저 하고 싶은 말이 있다. **돈은 사람들의 이목이 쏠리는 곳에 모인다는 것을 반드시 기억하라.**

2023년, 나는 모든 재산을 처분하고 인공지능을 공부하기 위해 토론토대학으로 향했다. 그렇게 결정한 이유는 인공지능이 앞으로 오랜 시간, 시대의 '방향'일 뿐 아니라 '흐름'이 될 것을 확신했기 때문이다. 유행의 바람은 잠깐 불었다가 사라진다. 언제 왔다가 언제 없어질지 모른다. 그런데 '추세'는 다르다. 5년, 10년 정도 지속한다. 내가 인공지능을 배우기 시작한 이유는 이것이 '시대의 추세'라는 확신이 들었기 때문이다. 인공지능을 배운 이후 회사 업무도 더욱 효율적으로 처리하게 되었고, 신체적으로 컨디션도 더 좋아졌다. 제일 중요한 건 돈을 더 많이 벌게 되었다.

많은 사람이 말한다. 인공지능을 배우는 이유는 내가 그 분야를 잘 알아서라고. 그렇다면 반대로 모르는 사람은 어떻게 해야 할까? 간단하다. 배우면 된다. 배워라. 공부해라. 자원을 찾아서 배우고, 어떻게든 돈을 모아서 공부해라.

2019년, 친구가 라이브 커머스로 물건을 파는 시대가 왔다고 일러주었다. 사실 그 당시 시장을 진입하기에는 이미 늦은 감이 있었다. 하지만 이 추세가 한동안 지속할 거라는 걸 알았다. 주변 친구들에게 같이 배우자고 설득해 유명한 이커머스 팀과 3일 밤낮으로 미팅을 했다. 그들이 라이브 방송을 하면서 물건을 파는 과정을 옆에서 관찰하기도 했다.

이커머스 팀과 함께 보낸지 3일째가 되는 날 우리는 드디어 첫 번째 라이브 방송을 진행했다. 방송은 장장 4시간 동안 진행되었다. 비록 매출액은 미미했으나 나는 그날 라이브 커머스의 메커니즘을 완벽히 이해했다. 그 일을 계기로 나는 한 가지 사실을 분명히 깨달았다. 가장 무서운 건 돈도 없으면서 배우지 않으려는 마음가짐이라는 것이다. 나중에 우리는 라이브 방송 업무를 다른 회사에 위탁했다. 해당 회사는 라이브 방송 실적이 상당히 좋은 기업으로 지금까지도 건재하다. 그 회사의 대표는 나를 만날 때마다 늘 고마워하며 이렇게 말한다.

"사람들이 집중하는 곳이 바로 돈이 모이는 곳이죠."

앞으로 한동안 사람들의 이목이 집중할 것으로 보이는 산업은 다음과 같다. 네 가지를 기억하고 초점을 맞추길 바란다.

○**1인 미디어**: 개개인이 미디어가 되는 시대는 이미 시작됐다. 일찍 들어갈수록 기회가 많다. 1인 미디어로 할 수 있는 일은 세 가지다. 구독자 모으기, 콘텐츠로 나를 표현하기, 물건 판매하기.

○**실버 경제, 양로 산업**: 앞으로 수년 동안 가장 많은 돈을 버는

산업이 될 것이다. 중국의 경우 2023년 말까지 60세 이상 인구는 29,697만 명으로 전체 인구의 21.1%를 차지하며, 65세 이상 인구는 전체 인구의 15.4%를 차지하는 것으로 나타났다. UN의 정의에 따르면 65세 이상 인구가 전체 인구의 14% 이상이면 고령사회, 20% 이상일 때 초고령사회에 해당한다. 이제 고령사회는 특정 국가만의 이야기가 아니다. 이 길에 엄청난 사람이 모여들 것이다. 미리 준비해 보는 것이 어떨지.

○ **싱글 산업:** 왜 그렇게 많은 사람이 반려동물을 키울까? 왜 그렇게 많은 사람이 건강에 신경 쓸까? 본질은 '싱글 경제'의 작용 때문이다. 현재 각광받는 반려동물 장례 서비스 역시 싱글 경제의 영향이다. 인간은 고독을 향해 달려가는 존재다. 그 고독을 벗어나기 위해 기꺼이 돈을 지불한다. 그렇다고 해서 결혼을 서둘러 가정에 속박되고 싶어 하지도 않는다. 이 길은 앞으로 더 많은 사람이 이용하고 주목하는 시장이 될 것이다.

○ **정신 치료 산업:** 극도의 정신적, 육체적 피로감을 호소하는 이가 늘었다. 창업자, 이혼을 경험한 사람, 직장에서 해고된 사람, 가정이 파탄 난 사람 등이 정신과를 찾고 있다. 그 밖에 요가 클래스, 마음 수련 과정 등은 비싼 수업료에도 불구하고 수요가 넘쳐난다. 마음에 상처를 입어 피를 흘리는 사람들이 스스로 구제할 방법을 몰라 헤매고 있다. 앞으로 이 산업에 엄청난 수요가 몰릴 것이다.

마지막으로 돈에 더 가까워질 수 있는 '방법론'을 공유하고자 한다.

첫째, 상품을 만들거나 '나' 자신이 브랜드가 돼라

'나'라는 사람을 브랜드화하면 관련 상품까지 연쇄적으로 판매할 수 있다. 가령 에스테틱 관리사로 일한다고 하자. 매일 24시간 일정이 가득 차 있으면 체력은 물론, 시간까지 파는 셈이다. 그러나 브랜드와 관련한 상품, 즉 마사지 오일이나 마사지 기기를 판매하면 시간을 아끼면서 원하는 사람에게 꼭 맞는 상품을 추천할 수 있다.

둘째, 넓은 인맥을 구축하라

상품을 만들어 판매하려면 넓은 인맥이 필요하다. 사업 수완이 정말 좋은 친구를 본 적이 있다. 그는 오후에 가볍게 만나 차 한 잔 나누는 사람에게도 물건을 판다. 그게 가능한 이유는 본인 상품 말고도 다른 상품을 가지고 있기 때문이다. 또 친구를 사귀면 항상 상대가 필요한 게 뭔지 면밀히 살핀 다음 얘기한다. "저한테 지금 이 물건이 있는데, 혹시 필요하시면 말씀하세요. 원하면 좋은 혜택으로 드릴게요. 아, 물론 필요 없다고 하셔도 상관없습니다. 부담 느끼지 마세요. 그냥 친구가 되면 되니까요."

셋째, 직접 팔아보자

장사는 실전을 통해 배워야 한다. 학교 성적은 좋지 않아도 용감하게 시도하는 젊은이들이 있다. 학벌이 그다지 좋지 않은데도 큰 기업의 대표가 되는 사람이 부지기수다. 왜 그럴까? 간단하다. 책이 아닌 실전 경험을 많이 쌓았기 때문이다. 공부를 잘해야, 학교 성적이 좋아야 물건을 잘 파는 게 아니다. 실전이 물건을 팔도록 몰아간다.

물건을 팔아보고 싶다면 먼저 SNS에 올려보자. 채널 계정을 만들거나 주변 친구들에게 물건을 팔기 시작했다는 걸 알려라. 정 안 되겠으면 플리마켓이라도 나가보자.

타인의 시선을 의식하지 마라. 창피해할 필요 없다.

기억하라. 이목이 쏠리는 곳에 돈이 흘러든다.

청년 세대는
어디에
투자해야 할까?

최근 젊은이들의 최대 관심사는 아무래도 '투자'인 것 같다.

고리타분하게 들릴지 모르겠지만, 청년들이 할 수 있는 가장 실속 있는 투자는 부동산이나 주식, 재테크가 아니라, 바로 '자신에게 투자'하는 것이다. 다시 말해 본인의 시간, 지식, 건강, 인간관계 등에 대한 투자다.

미국 《타임》지가 뽑은 세계에서 가장 영향력 있는 100인 중 한 명인, 헤지펀드 운용사 브리지워터 어소시에이츠Bridgewater Associates의 설립자 레이 달리오Ray Dalio 역시 『원칙』(한빛비즈, 2018)이라는 책에서 반복적으로 강조한다. **자신의 지식과 자신만의 원칙, 능력에 투자하는 것이 장기적 성장의 핵심 키워드이다.**

레이 달리오가 말한 돈의 관념은 당대 젊은이들, 특히 투자 쪽에 꿈을 가진 이들에게 환대받았다. 그렇지만 '나는 투자 관련 업무를 하지도 않는데 이런 걸 알아서 뭐 해?'라고 생각하는 사람도 있을 수 있다. 하지만 이런 생각은 틀렸다. 설령 비정규직이나 임시직으로 일할지라도 당신 역시 개인 투자자다. 시간을 투자해 돈을 벌기 때문이다. 그런 의미에서 모든 사람은 투자를 한다. 학교에 다니는 것도 결국은 미래를 향한 투자 아니겠는가?

✛ 역경을 딛고 시간의 가치를 만든 달리오 ✛

레이 달리오의 생은 참 특별했다. 몇 가지 그에 관한 에피소드를 소개하고자 한다.

1949년, 레이 달리오는 미국의 한 중산층 가정에서 태어났다. 아버지는 음악가, 어머니는 가정주부였다. 여덟 살 때부터 돈을 버는 것이 중요하다는 걸 깨닫고 본격적으로 신문 배달과 홀서빙, 물류 창고 일을 시작했다. 열두 살에는 월 스트리트 부자들이 자주 방문하는 링크스 골프장에서 캐디로 일하며 어깨너머로 월가 사람들의 각종 투자 방식이나 정보를 배웠다. 일하는 도중 우연히 인수합병에 관한 정보를 들은 달리오는 캐디 일을 하며 모은 300달러를 전부 노스이스트 항공 주식에 투자해 원금의 3배를 벌었다.

이 일화를 들려주는 이유는 투자의 원칙을 말해 주기 위함이다.

투자의 원칙 중 가장 중요한 것은 부자들과 가까워지는 것이다. 1971년, 대학 졸업 후 그는 하버드 비즈니스 스쿨 MBA 과정에 합격했고, 입학 전까지 뉴욕증권거래소에서 일했다. 1973년에 학업을 마치고 '도미니크 앤 도미니크Dominick & Dominick LLC'에 입사해 원자재 트레이딩 감독관을 지냈고, 1974년 시티그룹의 모태인 '시어슨 헤이든 스톤Shearson Hayden Stone'으로 이직해 선물先物 트레이딩과 중개 업무를 맡았다. 하지만 이내 본인은 전통적인 금융 업무와 적성이 맞지 않는다는 걸 깨닫고, 회사를 나와 1975년에 투자회사인 '브리지워터 어소시에이츠'를 설립했다. 당시 스물여섯의 나이였다. 그는 임시직이나 파트타임으로는 재정적 자유를 실현할 수 없다는 걸 깨달았다.

파트타임은 아무런 투자도 하지 않는 것처럼 보이지만, 알고 보면 가장 중요한 걸 투자하고 있다. 바로 '시간'이었다. 본인의 시간을 헐값에 팔고 있는 것이었다.

젊은이들에게 가장 귀중한 자본은 바로 '시간'이다. 시간은 한 개인이 가진 강력한 생산재이기도 하다. 이 생산재를 날 것 그대로 시장에 내다 파는 사람은 없다. 생산재를 생산력으로 전환한 다음 가격을 책정해야 한다.

시간 투자에 대한 개념을 이해한 사람은 자신의 시간이 더 큰 값어치가 되도록 어떻게 해서든지 노력할 것이다. 가능한 일은 다음과 같다.

○ **목표 설정:** 매년 시간의 가치를 늘리는 목표를 설정한다. 시간당 수당을 만 원에서 십만 원으로 올리는 등이다.

○ **시간의 효율적 사용:** 파편화된 시간, 저효율적인 여가를 없애고 독서, 공부, 실전 연습 등에 시간을 사용한다.

○ **시간의 생산성 높이기:** 새로운 기술 배우기, 새로운 영역 탐색하기 등을 통해 내가 지닌 시간의 시장 가치를 올리도록 한다.

달리오는 "돈은 배움에 대한 보상"이라고 말했다. 젊은이들에게 가장 좋은 투자는 바로 자신의 '인지적 자본'을 높이는 것이다. 그렇다면 어떻게 해야 할까?

○ **다독:** 당신의 생각을 바꿀 책을 읽어보자.『원칙』『부자 아빠 가난한 아빠』를 추천한다. 매년 열 권 정도 당신에게 도움이 될 책을 골라 정독해 보자.

○ **새로운 기능 익히기:** 코딩, 영상 편집, AI 사용 등의 새로운 기능을 익히면 향후 당신의 경쟁력에 많은 도움이 될 것이다.

○ **유능한 사람 만나기:** 전문가 포럼, 독서회, 사교 활동 등 다양한 모임에 참석해 그들의 생각을 배우면 당신의 인지 수준도 자연스레 올라갈 것이다.

개인적으로 달리오를 좋아하는 이유는 순탄치 않은 인생의 역경을 극복하고 성공의 자리에 올랐기 때문이다. 회사 설립 후 규모가 점점 커지자 그는 1981년에 사무실을 확장 이전했다. 1982년에는 미국은 물론 전 세계적으로 경기가 심각한 불황에 시달릴 것으로 예측하고 회사의 투자 전략을 대대적으로 수정한 뒤 미국 국채 선물을 매수했다. 하지만 예상과 달리 물가가 하락하고 시장이 전환되기 시작했다. 회사는 대대적인 손실을 보았고, 재산의 대부분을 날려 생활비조차 빌려야 하는 상황에 이르렀다.

그 일을 계기로 그는 한 번의 잘못된 판단이 돌이킬 수 없는 재앙을 초래한다는 걸 절실히 깨달았다. 그리하여 그는 '경제 규칙'을 공부하기 시작했다. 역사 속에서 미래에 대응하는 방법을 찾기 위해 노력한 것이다. 그러면서 '원칙'이라는 투자 개념을 제시하게 되었고, 그 변하지 않는 원칙을 기업 관리와 인생에 적용했다.

✚ 인생에는 반드시 '불변의 원칙'이 적용된다 ✚

2008년 글로벌 금융 위기가 도래했을 때 달리오의 헤지펀드 전략으로 브리지워터 어소시에이츠는 높은 수익률을 기록하며 세계에서 가장 큰 헤지펀드로 급부상했다. 같은 기간 달리오의 재산도 급격히 늘어나면서 명실공히 세계적인 투자자로 거듭났다. 재산이 어느 수준을 넘어서자, 그는 본인의 생각과 이념을 체계적으로 정리해『원칙』을 출간했다.

모든 건 변한다. 그러나 변하지 않은 원칙을 기반으로 투자와 인생의 철칙을 세우도록 하라.

나는 레이 달리오의 글과 연설을 거의 모두 다 찾아봤다. 그중에 젊은이들에게 투자에 관해 세 가지 조언을 하는 영상을 보게 되었다. 그의 연설에 내 생각을 더해 여러분과 공유하고 싶다.

달리오는 이렇게 말한다.

첫째, 젊은이들이여, 너무 많은 현금을 가지고 있지 마라

그는 현금 보유는 좋은 투자 방식이 아니라고 말한다. 현금이 안전해 보이지만 장기적으로 인플레이션에 따라 가치가 하락하면 구매력이 줄어든다. 따라서 현금을 보유하고 있는 건 그리 이상적인 투자법이 아니라는 것이다. 대신 그는 현금의 다원화된 포트폴리오를 조언한다. 대표적인 예가 주식, 채권, 부동산이다. 이런 투자 방식은 인플레이션의 타격이 비교적 덜하고, 장기적으로 부가가치를 생성해 돈이 움직일 수 있게 한다.

하지만 나라별로 금융시장의 발전 상황이 다른 것처럼 투자 환경도 다르다. 그러므로 단순히 그의 조언을 따라 할 수는 없다고 생각한다. 이제 막 돈을 모으기 시작한 젊은이들의 경우 가장 중요한 건 **정확한 부의 관념과 리스크 의식을 정립하는 것**이다. 전체적인 경기가 불확실한 상황에서 적절한 현금을 비축하는 것은 무엇보다 중요하다. 특히 개인의 자산이 제한적인 상황에서는 유동성이 좋은 재테크 방식을 추천한다. 목돈을 한꺼번에 주기가 길고 유동성이 제한적인 상품에 몰아넣지 않도록 해야 한다.

기억하라. 경제가 불황인 시대에는 자산의 유동성이 왕 중의 왕이다. 1~2년 동안 현금을 넣은 다음 건드릴 수 없는 상품은 유동성이 매우 낮은 재테크 상품이다.

젊은 시절에는 저축이 '방패' 역할을 한다. 재테크는 향후 미래를 위한 일종의 '보조 엔진'이다. 그러니 아래와 같이 분산 투자를 진행해 보자.

- **저축:** 매달 수입의 20~30%는 무조건 저축하라. 저금은 좋은 습관이다.

- **기본 재테크:** 돈이 제한적이라면 리스크가 적은 상품에 합리적으로 투자해 보자. 금이나 미국 주식 투자 같은 것이 좋다.

- **신흥산업 공략:** 인공지능, 재생 에너지, 디지털 경제와 같은 발전 가능성이 큰 신흥산업을 공략하라.

둘째, 젊은이들이여, 분산 투자를 하라

달리오는 과도하게 하나의 자산에 집중해서 투자하면 큰 위험에 직면할 수 있다고 말한다. 일단 해당 주식이나 관련 종목이 무너지면 전 재산을 통째로 잃을 수 있다. 그는 반드시 자산의 20%는 남겨둘 것을 당부한다. 그래야 기본적인 '생존 자금'을 유지할 수 있다. 나머지 자산은 주식, 채권, 부동산, 각종 상품에 분산하여 투자해야 한다고 강조한다.

이렇게 말하면 돈을 은행의 각기 다른 예·적금 상품에 나눠서 투자하면 될 거로 생각하는 사람들이 있다. 그러나 이건 한 마트에서 과자 여러 개를 사는 것과 똑같다. 보기에는 종류별로 다양하게 산 것 같지만, 사실 리스크는 서로 연결되어 있다.

그의 조언에 덧붙여 말하자면 지렛대를 양쪽에 나눠서 세우는 방법을 추천한다. 이를테면 한쪽은 실물경제와 상관있는 자산에, 다른 한쪽은 귀금속과 같은 안전자산에 투자하는 방법이다. 이런 자산은 한쪽이 내려가면 다른 한쪽이 올라가는 특징이 있다. 따라서 경제가 호황일 때는 한쪽의 자산 가치가 상승하고, 경제가 불황일 때 반대편 자산의 가치가 올라간다.

이렇게 서로 다른 시장 환경 속에서 자산은 각기 '자기 역할'을 충실히 해내면서 수익을 유지할 수 있게 도와줄 것이다. 이것이 진정한 '달걀 나눠 담기'로 안전한 투자 방식이다.

셋째, 젊은이들이여, 저축하라

달리오는 젊은이들에게 되도록 빨리 저축을 시작해 돈을 모으는 좋은 습관을 유지하라고 강조한다. 저축이야말로 미래의 불확실성을 대비할 가장 좋은 방법이라는 것이다. 나는 이 부분에 깊이 공감한다. 지금의 젊은이들은 한 달 월급으로 사고 싶은 것을 아낌없이 사고, 심지어 여행을 위해 기꺼이 대출을 받기도 한다. 결코 건강하지 않은 소비 습관이다. 지금부터라도 수입의 일부는 의무적으로 저금해서 안정적인 '시드머니seed money'를 만들어야 한다. 그것이 향후 경제가 불안하거나 환경이 불안정할 때 마음의 든든함과 재정적 자유를 누릴 비결이다.

기억하라. **청년들에겐 지금 당장 얼마를 가졌는지가 중요한 게 아니다. 자신에게 어떤 투자를 해서 매 걸음 어떻게 걸어가고 있느냐가 중요하다.**

- 시간이 당신의 핵심 자산이다. 허투루 낭비하지 말라.
- 지식은 당신의 가치를 높일 좋은 도구이다. 계속 새로운 기능을 익히고 공부하라.
- 건강이 자산의 기본이다. 오랫동안 건강한 몸을 유지하라.
- 인맥은 당신의 성공을 도와줄 보조제 역할을 한다. 단, '유효한' 인맥을 형성하라.
- 저축과 재무 포트폴리오가 당신의 보호막이 될 것이다. 돈이 당신을 위해 일하게 하라.

평범한 사람이
디지털 자산으로
돈을 버는 방법

어떤 시대를 살고 있느냐에 따라 해야 할 일이 달라진다.

우리는 AI 시대를 살고 있다. 예전에 통했던 방법이나 생각은 이미 시대착오적으로 지금의 세계관과 가치관에 어울리지 않는다. 앞으로 오랜 시간 우리는 새로운 자산인 디지털 자산을 관리하고 운용하는 법을 배워야 할 것이다.

왜 디지털 자산을 키워야 할까? 역사를 살펴보자. 농업 시대에는 토지, 가축, 농작물 등의 농업 자산을 소유했다. 이러한 자산을 제일 먼저 손에 넣은 사람들은 가진 땅이나 가축의 수만큼 부자가 되는 시대였다.

산업혁명을 거치며 공업 시대가 시작된 뒤의 자산은 '복제성'의 특징이 강했다. 복제 능력이 뛰어난 인간이 곧 자산을 소유했고, 노동력보다 노동의 복제 여부가 중요한 시대였다. 이것이 기업이나 생산 라인, 공장 등을 소유한 사람이 큰 부자가 될 수 있었던 이유다. 다시 말해 공업 시대의 본질은 결국 '규모화된 복제'였다.

인공지능의 새로운 시대가 열린 지금의 관건은 '디지털 자산'이다. 앞으로 우리는 디지털 자산을 확보하기 위해 최대한 빨리, 의식적으로 배우고 체득해야 한다. 향후 디지털 자산이 전체 부의 구조에서 차지하는 비중은 70~80% 정도에 이를 것으로 보인다. 따라서 부는 새롭게 재편될 것이다.

디지털 자산의 비율이 점점 늘어나는 이유는 간단하다. 농업 시대의 토지와 공업 시대의 기업이나 공장은 제한적이었다. 그러나 디지털은 무한하다. 그래서 새로운 시대의 부는 과거의 사고방식으로는 이뤄낼 수 없다.

디지털 자산은 업스트림·중간 스트림·다운스트림의 세 단계로 명확하게 구분된다. 업스트림은 주로 국가의 전략적 측면에 속한다. 클라우드 컴퓨팅, 서버 장비, 정보 보안, 저장 기기 등이다. 중간 스트림은 대기업과 연관된 디지털 허가증, 디지털 권익 등을 포함한다.

그렇다면 일반인들이 할 수 있는 것은 무엇일까? **자신의 자산과 가치 있는 부분을 온라인과 연계하는 것이다.**

얼마 전 DM을 받았다. 5만 명의 구독자가 있는 나의 계정을 2천만 원에 사고 싶다는 내용이었다. 왜일까? 내 계정이 가치가 있다고 판단했기 때문이다. 이것이 나의 디지털 자산이다.

앞으로는 모든 사람이 개인 디지털 자산을 소유하게 된다. 이러한 삶의 방식은 결코 거스를 수 없다.

디지털 자산을 운용하는 시대를 살아가는 여러분에게 몇 가지 반드시 필요한 제안을 하려 한다.

첫 번째는 '디지털 휴먼'이 돼라

내가 말하는 '디지털 휴먼'이란 사이버 이미지나 인물이 아니라 '생각의 전환'을 한 인간을 가리킨다. 오프라인에서 처리할 수 있는 일이 온라인에서도 가능한지 생각해 보는 것이다. 예전에는 사업을 하려면 일단 만나서 얼굴을 보고 얘기해야 했다. 하지만 지금은 일면식 없이도 함께 일할 수 있다. 목표만 같으면 협의는 순조롭게 이루어진다.

이제 오프라인에서 하는 일은 온라인에서도 진행할 수 있다는 생각을 해야 한다. 이것이 디지털 자산을 만드는 첫걸음이다.

둘째, 저작권 의식을 정립하라

주성치周星馳의 영화 <구품지마관>에서 '상위'라는 배역을 맡아 연기한 콜린 쩌우Collin Chou는 타이완 태생으로 미국에서 활동 중이다. 그를 언급하려면 할리우드 영화 <매트릭스>를 빼놓을 수 없다. 사실 콜린 쩌우가 <매트릭스>에서 연기한 세라프 역은 배우 이연걸李连杰에게 먼저 캐스팅 제의가 갔지만 여러 이유로 고사했다. 후에 콜린 쩌우는 해당 배역을 멋지게 연기해 냈고, 저작권까지 사들였다. 앞으로 <매트릭스>와 관련한 모든 디지털 저작권은 그와 관련이 있다. 소식에 따르면 그는 배우 일을 하지 않고도 매년 '앉아서' 수백만 달러의 저작권료를 받는다고 한다.

셋째, 패시브 수입을 합리적으로 계획하고 분배하라

'패시브 수입'은 직접적인 노동이나 개입 없이 자동으로 발생하는 소득을 의미한다. 대표적인 게 저작권료다. 예전에 나는 오랫동안 사람들에게 책을 써볼 것을 권했다. 개인적으로 수입 면에서 책으로 많은 도움을 받았기 때문이다. 2014년에 출간했던 『당신은 겉보기에 노력하고 있을 뿐』이라는 책은 중국 내에서만 300만 부가 팔렸다. 지금도 이따금 한 권씩 팔릴 때마다 인세를 받는다. 많은 금액은 아니지만 안정적인 수입 유지에 보탬이 된다.

그 후에는 강의를 팔아볼 것을 꾸준히 권했다. 이 역시 디지털 자산이다. 물론 강의 한 편을 촬영하는 것은 엄청 힘들다. 하지만 일단 팔리기만 하면 마지널 코스트marginal cost[1]는 줄어든다. 1회분을 팔 때마다 비용이 절감되고, 수강생이 늘수록 심지어 '0'에 가까워지기도 한다. 학원 기업이 연봉 수천만, 심지어 수십억 원에 달하는 스타 강사를 배출할 수 있는 이유이기도 하다. 이 모든 것이 디지털 자산을 잘 운용한 결과다.

요즘은 또다시 추세가 바뀌고 있다. 바로 1인 미디어다. 이는 디지털 자산의 중요한 구성 부분이기 때문이다. 계정을 만들어 당신의

---

[1] 기업이 재화나 서비스를 한 단위 더 생산할 때 발생하는 추가 비용. '한계비용'이라고도 한다. 한계비용이 낮을수록 추가 생산이 이이에 유리하다.

찬란하고 아름다운 순간을 기록하라. 외모에 자신 있다면 예쁘고 멋진 모습을 사진으로 남겨보자. 농구를 잘한다면 농구 동영상을 업로드하고, 나처럼 표현하는 데 재능이 있다면 다른 누군가에게 도움이 될 만한 영상을 제작해 올리는 것도 좋다. 그런데 계정 하나로는 부족하다. 여러 개를 만들어 다양한 플랫폼에 동시에 올려보자. 이것이 디지털 자산의 올바른 포트폴리오 구성이다.

다양한 플랫폼에서 여러 계정을 한꺼번에 운영하라고 하는 이유가 있다. 일단 한 플랫폼에서 구독자가 빠지거나 조회 수가 줄어들어도 다른 플랫폼으로 상쇄할 수 있기 때문이다. 디지털 자산을 잘 운용하는 사람들은 유튜브, 인스타그램, 블로그를 동시에 운영한다.

돈을 벌 방법을 알려주었으니 시작하라. 이제 당신 차례다.

그 어떤 조건으로도
돈 벌 기회를
제한하지 마라

친구가 들려준 스탠퍼드대학교 실험 이야기를 듣고 온몸에 소름이 돋은 적이 있다.

스탠퍼드대학교 디자인 스쿨 교수가 팀을 나눠 학생들에게 5달러씩 나눠준 뒤 2시간 안에 최대 수익을 올리는 과제를 내주었다. 그리고 돌아온 뒤에는 경험담을 3분 스피치로 정리해서 발표하게 했다.

당신이라면 어떻게 했을까? 어쩌면 나처럼 단순히 5달러로 풍선이나 막대사탕 등을 산 다음 조금 더 비싼 값에 팔아 차액을 남기는 방법을 생각했을 수 있다. 물론 사람들이 비싼 가격에 사게 하려면 어느 정도 설득을 해야 하니까, 이런저런 방법을 생각해 그럴듯한 '세일즈 토크'를 만들어 냈을 것이다. 그렇지만 명실공히 스탠퍼드가 아니던가. 학생들은 '5달러'가 사고를 제한하는 함정에 빠뜨린다는 걸 눈치챘다. 그래서 생각했다. '스탠퍼드대학교의 학생으로서할 수 있는 일이 뭐가 있을까?' 일단 '5달러'의 틀을 벗어나 2시간을충분히 활용하기로 했다. 개중에는 2시간짜리 과외를 한 팀도 있었고, 창업을 앞둔 회사에 컨설팅해 준 팀도 있었다. 이로써 2시간 안에 100~200달러를 벌었다.

그중 최고 수익을 낸 팀은 2시간이라는 제한 시간이 아닌 마지막3분 스피치 시간을 활용하기로 했다. 그 팀은 특별히 스탠퍼드대학졸업생을 선호하는 헤드헌터 회사를 찾아내 학교로 초청했고, 그들에게 도움이 될 만한 영상을 준비해 그것을 650달러에 팔았다. 5달러에는 손도 대지 않은 채 이런 성과를 달성한 것이다.

이 프로젝트가 우리에게 주는 교훈은 무엇일까?

"Think outside of the box."

바로 **"고정관념을 벗어나라"**이다. 이 에피소드에 관해 여러분과 나누고 싶은 얘기가 있다.

1. 당신이 가진 모든 것은 '2시간' 혹은 '5달러'처럼 현실적인 조건이지만, 그것이 생각의 틀을 제한하는 족쇄가 될 수 있다.
2. 당신이 번 첫 수입(5달러)은 발전 자금이 될 수도 있고, 당신의 시야를 가릴 수도 있다.

3. 당신의 지식, 인지 수준을 넘어서는 돈은 절대 벌 수 없다. 아는 만큼 버는 법이다.

4. 전통적인 의미의 돈 버는 방식(예: 세일즈 토크)을 버리고 당신만의 독특한 자원(예: 스탠퍼드대 학생)을 찾아보자.

5. 소위 '좋은 교육'이란 고정관념의 틀에서 벗어나 만물의 새로운 가능성을 보게 하는 것이다.

위와 비슷한 사례가 또 있다. 미국 매사추세츠공대MIT 학생들이 '비거 앤 베터 게임bigger and better game'에 도전했다. 이는 물물교환으로 자신의 물건을 더 가치 있는 것으로 바꿔나가는 상향 거래 게임이다. 그들은 흔한 빨간 클립을 일주일 안에 차 한 대와 물물교환하는 데 성공했다. 그들의 성공 비결은 빨간 클립의 실질적인 가치를 뛰어넘어 혁신적인 스토리에 대한 사람들의 높은 기대와 호기심을 자극한 데 있었다. 학생들은 물물교환의 과정을 SNS에 올려 사람들의 주목을 받았다. 마침내 한 자동차 중개업자가 그들의 아이디어에 마음이 움직여 중고 차량과 바꾸었다.

그들은 왜 이런 도전을 하게 되었을까? 2005년, 캐나다의 카일 맥도널드Kyle MacDonald가 실제로 '비거 앤 베터' 게임으로 빨간 클립에서 시작해 일 년 안에 집을 장만했던 일화에서 영감을 얻은 것이었다.

이 놀랄 만한 이야기는 인터넷에서 빠르게 퍼져나가 사람들의 창조적 사고와 용기를 북돋아 주었다. 카일 맥도널드는 어떤 여정을 거쳐 빨간 클립 하나로 인생을 바꾸고 세계인들의 상상력을 자극하게 되었을까?

카일 맥도널드는 지극히 평범한 캐나다의 한 청년이었다. 안정적인 수입도 없고, 집을 살 만한 돈도 없던 그가 하루는 재미있는 생각을 떠올린다. '물물교환으로 작은 물건을 커다란 물건으로 바꿀 수 있을까?' 그는 빨간 클립 사진을 인터넷에 올리고 물물교환 계획을 설명했다. 처음에는 일단 물건을 교환하고자 하는 사람만 찾는 데 집중했다. 본인이 원하는 물건으로 바꿀 수 있을지 없을지는 생각하지 않았다. 중요한 건 그가 아이디어를 실천으로 옮기기 위해 첫발을 내디뎠다는 사실이었다.

그의 첫 번째 교환 상대는 물고기 모양의 펜과 교환하고 싶다고했다. 비록 작은 물건이었지만 성공적인 물물교환을 통해 그는 생각을 실천으로 옮기는 것이 가능하다는 걸 증명했다. 이어서 물고기펜을 수공예 도자기 문고리와 교환했다. 그는 계속해서 물건에 관심이 있는 사람을 찾았고, 조금씩 더 크고 가치 있는 물건과 교환해 나갔다.

고만고만한 물건들을 교환하다가 세 번째에 그간의 거래 물품과는 차원이 다른 캠핑 난로로 교환하게 되었고, 이어서 혼다 발전기로, 발전기는 즉석 맥주 파티로, 맥주 파티는 유명인의 스노모빌로, 스노모빌은 야크 1일 여행권으로 계속 변해갔다. 총 열네 번의 물물교환을 진행하면서 그는 매번 물질의 가치가 상승하는 것은 물론, 인맥이 넓어지고 있음을 깨달았다.

물물교환이 이뤄지는 동안 그는 물건에 가장 잘 어울리는 다음

'주자'를 정성껏 찾았고, 매번 교환할 때마다 상대와 무수한 소통과 상의를 반복했다. 그는 상대에게 이 교환이 매우 가치 있는 일이며 서로에게 도움이 된다는 사실을 일깨워 주었다. 상대방이 물물교환의 가치를 공감할 때마다 물건은 더욱 값진 것으로 변했다. 그는 인터넷에 이 사실을 알렸고, 수백 명의 낯선 이와 대화를 나누며 마음의 벽과 관계의 담이 허물어지는 것을 발견했다.

그의 도전은 창조적인 사고의 극단적인 사례였다. 보통의 사람 눈에 빨간 클립은 한낱 사소한 문구류 중 하나에 불과했지만, 그는 달랐다. 빨간 클립에서 무한한 가능성을 보았다. 그래서 단순히 가치만 높은 물건이 아닌 스토리와 흡입력을 지닌 물건을 선택해 거래했고, 이는 더 많은 사람의 관심과 흥미를 불러 모았다.

창의력의 한계는 우리가 얼마나 가졌느냐로 결정되지 않는다. 이미 가진 자원을 어떻게 바라보느냐, 그리고 그 자원의 가치를 극대화할 수 있느냐의 여부에 달려 있다.

훗날, 이 이야기는 『빨간 클립 한 개 ONE RED PAPERCLIP』(소담출판사, 2008)라는 책으로 엮여 세상에 나오게 되었다. 책에는 교환의 과정뿐 아니라 인생의 모험이나 인내심, 창의력, 대인 관계에 관한 솔직하고 심도 있는 견해도 담겨 있다. 독자들은 책을 통해 자아를 깨뜨리고 꿈을 찾는 여정을 시작하는 데 용기를 얻었다고 말한다. 현대 사회에서 소통과 나눔이 얼마나 중요한지 깨달았다는 후기도 많다.

자, 돈을 벌기 위해 어떤 전략을 세워야 할지 다시 한번 정리해보자.

1. **기존의 사고를 의심하라:** 겉으로 드러나는 규칙이나 한계에 속박되지 말고 고정관념에 도전하라.

2. **온라인과 SNS를 적극 활용하라:** 우리가 사는 시대에 인터넷은 거대한 자원의 보고와도 같다. 이것을 잘 활용할 줄 안다면 반은 성공한 것이다.

3. **스토리텔링 능력을 강화하라:** 사람의 마음을 움직이는 스토리 하나가 엄청난 기회와 가치를 제공한다.

4. **자원을 통합하라:** 기존에 가지고 있는 자원을 통합해서 새로운 기회를 만들어 내고 모두에게 이로운 방법으로 사용하라.

5. **목표 지향적으로 움직여라:** 최종 목표를 명확히 설정하고 사고를 전환하라. 전통적인 방법보다 훨씬 효과적인 실천 루트를 찾아내라.

이번 장에서 소개한 스탠퍼드대학교의 실험은, 우리가 열린 마음과 열린 사고를 유지할수록 더 큰 가치를 만들어 낼 수 있음을 일깨운다.

당신 자신을 지키면서 언제든 고정관념을 탈피하는 연습을 통해 더 넓고 멋진 세상을 볼 수 있길 바란다.

격무로 불면증에
시달린다면
지체 없이 떠나라

회사 일로 스트레스를 받는 한 친구가 오랜만에 만난 내게 고민을 털어놨다.

"요즘 직장 일 때문에 불면증에 시달려. 출근하기 싫어서 머리카락이 다 빠진다니까? 어떡하지?"

"뭐 때문에 그렇게 스트레스받는 건데?"

"상사가 시도 때도 없이 전화를 걸어. 한밤중에도 전화해서 일을 시킨다니까. 보고서 정리해라. PPT 만들어라. 진짜 미치겠어. 어떡하지? 일을 그만둬야 하나? 하⋯. 그런데 이렇게 돈 많이 주는 직장을 또 어디서 구하냐?"

걱정하는 그에게 내가 물었다.

"살고 싶은 거 아니야?"

"그래도 사람이 일을 해야 진짜 사는 거라고 할 수 있지 않아?"

"네 인생에 중요한 게 뭔데?"

그는 망설이다가 대답했다.

"지금으로서는 일이 제일 중요하지."

나는 그에게 두 가지 이야기를 해주었다. 호주에서는 퇴근 후에 상사가 직원에게 연락하지 못하도록 법으로 엄격하게 금지하고 있다는 것. 직원의 사생활을 존중해 업무와 삶의 경계를 지킬 수 있게 국가가 보호해 준다는 얘기였다.

또 다른 하나는 캐나다에 있는 친구 이야기였다. 화교인 그는 캐나다로 이민 간 뒤 매일 오후 3시에 퇴근하는 일자리를 찾았다. 하지만 내심 어렵게 찾은 그 자리를 잘 지키고 싶은 마음에 첫날부터 동료의 업무를 도와주고 자신의 일까지 마무리하느라 야근을 해야 했다. 이를 알게 된 상사가 다음 날 그를 불러 이해할 수 없다는 듯 물었다. "무슨 일 있어요? 왜 거의 매일 같이 야근을 하죠?"

사실 상사는 그의 의도를 알고 있었다.

"당신이 이런 식으로 하면 전체 팀의 삶의 질을 크게 낮추는 거예요. 퇴근 시간을 넘기며 동료의 일을 도와주면 결국 전체 업무량이 늘어나죠. 그러면 모두가 다 같이 쉬지 못하는 비효율의 굴레에 빠지는 거예요. 이건 회사의 전체적인 발전에 아무런 도움이 되지 않아요. 당신이 맡은 프로젝트를 끝내는 순간, 회사는 당신을 가장 먼저 해고할 거예요. 당신만 잘리면 다행이게요? 팀 전체가 사라질 수도 있어요. 그러면 업계에도 불리하죠. 그러니 부탁합니다. 정시에 퇴근해 주겠어요?"

그날 후로 그는 아무 걱정 없이 약속한 정시에 퇴근했다. 가만히 얘기를 듣던 친구가 말했다.

"그래, 맞아. 일은 삶의 전부가 아니야. 일부일 뿐이지…."

산업혁명 시기 노동자들은 주말 휴일과 8시간 근무제를 목숨과 바꿔 얻어냈다. 사람들의 목숨값으로 바꾼 그 제도를 고작 몇 푼 더 벌어보겠다고 포기하는 게 과연 맞을까?

그렇게 애써서 일한다고 한들, 그것은 생산력으로 전환되지 않는다. 그저 시간만 소모할 뿐이다. 일주일 내내 야근까지 해가며 PPT를 만들지만, 사실 효율적으로 집중만 하면 그건 2시간 안에 해낼 수 있는 일이다. 심지어 AI를 활용하면 2분 안에도 해치울 수 있다. 사람이 점점 기계처럼 변해가는 동안 기계는 점점 사람처럼 되어간다. 그러나 기계를 24시간 내내 돌릴 수 없는 것처럼 사람에게도 쉼이 필요하다.

IT 업계에는 친구와 같은 젊은이가 넘쳐난다. 매일 영혼까지 갈아 넣어가며 몸 바쳐 일했지만, 순간순간 쓰나미처럼 밀려오는 무력감과 공허함이 육체와 정신을 뒤덮는다.

가로등까지 꺼져버린 깊은 밤, 터벅터벅 집으로 향해 걸어가다가 깜깜한 하늘을 보며 자신에게 묻는다. '나 대체 뭘 위해 사는 거지?' 월급날만 잠깐 행복하고 말뿐이다. 이런 식의 삶이 무슨 의미가 있는 건지 늘 의구심이 든다.

그들은 자꾸만 길을 헤매는 느낌이 든다. 그렇지만 그럴 때마다 자신을 다그친다. '성공하려고 도시에 온 거잖아.' 그래서 계속 앞만 보고 달린다. 이런 사람들의 특징은 전술상의 부지런함으로 전략적인 게으름을 덮으려 한다는 점이다. 그들은 모른 척한다. 그냥 견디는 게, 당장 열심히 일하는 게 미래를 위한 거라며 이를 악문다.

가끔 그런 친구들을 만나면 묻는다. "베이징에 온 지 오래됐는데 뮤지컬이나 콘서트 같은 건 보러 간 적 있어요?" "매일 그렇게 늦은 새벽까지 야근하면서 상하이 디즈니랜드는 가봤나요?" 고군분투하며 일하는 동안 가슴 절절한 연애 한번 해본 적은 있을까? 코가 비뚤어지도록 거나하게 술에 취해본 적은 있을까? 없다. 그들은 그냥 일만 했을 뿐이라고 한다. 그런데 알아야 한다. 일이 삶에서 유일하게 중요한 것이 되는 순간, 일과 삶의 균형은 무너진다. 당신이 상사를 대신해 모든 책임을 질 필요 없다. 일이란 결국 당신의 시간과 회사의 자원을 바꾸는 행위일 뿐이다.

지금까지 수많은 청년을 취재하고 대화를 나누면서 꼭 해주고 싶은 말이 있었다. 이를 다섯 가지로 정리해 보았다. 부디 당신에게도 도움이 되길 바란다.

첫째, 직장에서 필요 이상의 책임을 질 필요는 없다

당신이 맡은 일이 아니라면 신경 쓰지 않아도 된다. 몸에 이상 신호가 나타나면 그 즉시 중단해야 한다. 실제 경험이다. 전에 라이브 커머스 팀을 운영할 때 일이다. 당시 우리는 베이징 외곽에 오피스텔 하나를 얻어 사무실로 사용하기로 했다. 처음 보러 간 오피스텔은 월세 600만 원에 면적이 넓었다. 그런데 사실 길 건너에 있는 오피스텔이 더 마음에 들었다. 주변에 편의시설도 많아 접근성이 훨씬 좋았다. 게다가 월세가 400만 원이었다. 조건은 훨씬 좋은데 왜 빨리 안 나가는 건지 조금 의아했다. 내가 그곳을 더 마음에 들어 하자 중개업자가 귀띔해 주었다.

"앞으로 사장님이랑 계속 볼 사이라 생각하고 솔직히 말씀드릴게요."

궁금한 표정으로 기다리는 내게 그가 말해 주었다.

"사실 2주 전에 거기서 사람이 한 명 죽었어요. 직원이 3일 밤낮으로 쉬지 않고 라이브 방송을 하다가 갑자기 심장마비가 왔대요. 대표라는 사람은 그길로 도망쳐서 지금 어디 있는지 찾을 수가 없어요. 인테리어도 완벽한데 월세를 400으로 깎아도 안 나가는 이유가 다 있다니까요."

"그렇게 큰일을 왜 지금에서야 말해요? 안 되겠네. 100만 원 더 깎아줘요."

내가 농담을 건네자, 그가 웃으며 말했다.

"100만 원이 뭐예요. 일단 손님만 온다면 저는 제 중개비도 다 내놓을 생각이었어요."

이 얘기를 동행했던 팀 막내가 듣고 있다 진지하게 말했다.

"형님, 여기로 계약하시면 전 그만둔 거예요. 사람 목숨보다 더 중요한 게 어디 있습니까? 사업은 사업이고 사람은 살아야죠. 그런 대접받으면서 일했던 사람의 흔적이 남은 곳에서 저는 일하고 싶지 않아요."

그랬다. 그게 진짜 그의 모습이었고, 사실 우리 모두의 진실한 속마음이었다.

둘째, 불안해하지 말라, 상사의 걱정은 상사의 몫이다

상사들이 자신의 걱정과 불안을 덜어내기 위해 자주 쓰는 방법은 부하직원에게 막말을 쏟아내거나 똑같은 불안을 조성하는 것이다. 하지만 당신은 그 불안까지 책임질 의무가 없다. 상사는 당신에게 일을 맡기려고 채용한 것이지, 본인의 감정처리를 위해 고용한 게 아니다. 상사의 불안과 걱정은 그의 몫이다. 냉정과 이성을 유지하라. 일이 당신의 열정과 삶에 대한 의지를 갉아먹지 않도록 주의하라.

셋째, 말을 아끼자

직장은 엄연한 성인의 세계다. 말을 아끼고 대신 일을 하라. 사람들에게 존중받고 싶다면 당신이 먼저 존중받을 만한 사람이 되어야 한다. 이는 당신이 하는 업무를 가치 있게 만드는 방법이기도 하다. 남을 험담하고 쓸데없는 일에 참견하느라 에너지를 소모하지 않도록 하라. 사람들과 이야기할 때는 조심하고 특히 상사와 대화할 때는 두세 번 생각하고 표현하도록 하라.

넷째, 허영심에 물들지 않도록 하라

최우수 직원, 가장 성실한 직원, 상사가 예뻐하는 직원 등으로 뽑혔다고 해도 으스댈 것 없다. 하나만 기억하라. 그 상과 함께 상여금을 받았는가? 만일 아니라면 그 상의 가치는 딱 그만큼이다. 허영에 휘둘리지 않도록 조심하라.

다섯째, 몸에 이상이 있다면 즉각 중단하라

개인의 이익을 침해하는 일이라면 즉각 중단하라. 종종 생각하는 게 있다. 회사의 출퇴근 카드 제도가 과연 업무 효율을 높이는 데 효과적일까? 8시간 근무제는 직원들의 성장에 정말 도움이 될까? 나는 모두 '아니'라고 생각한다.

공업 시대에는 사람을 그 자리에 꼭 묶어놔야 했다. 기계처럼 같은 시간, 같은 자리에서 회사를 위해, 사장을 위해 일해야 했다. 하지만 지금 같은 정보 사회에는 정보를 컨트롤하는 능력과 변화에 대응하는 능력이 무엇보다 중요하다. 신은 우리를 디지털 시대로 데려왔고, 스티브 잡스는 스마트폰을 발명했다. 그 우수한 첨단 기술을 그대로 둔 채 왜 아침저녁 '지옥철'을 타기 위해 애쓰고, 주말 동안 제대로 쉴 틈 없이 과도한 업무에 시달린단 말인가?

선전深圳에 같이 일하는 팀이 있다. 그 팀은 영상 편집과 관련한 콘텐츠를 제작해 업로드한다. 믿기 힘들겠지만 한 달 누적 조회 수가 2천만 회에 이른다. 그런데 팀원은 고작 여섯 명이다. 이에 비해 그들이 관리하는 계정만 60개다. 한 주에 딱 한 번만 사무실에 출근히고 주 1회 미팅을 한다. 나머지 시간은 재택근무다. 일 평균 업무

시간은 2~3시간 정도이며, 정해진 요일과 시간에 콘텐츠를 업로드하고, 나머지 시간에는 개인적으로 하고 싶은 일을 한다. 여태껏 업무적으로 큰 문제나 사고가 일어난 적은 한 번도 없다.

혹시 일이 너무 힘들어 몸 어딘가 '고장'이 나기 시작했다면, 쉴 수 없는 격무에 시달리고 있다면 다른 길은 없는지 진지하게 고민해 보길 바란다.

이 세상에 그 어떤 누구도 당신에게 '지금 당장' 어떤 일을 해내라고 강요할 수 없다. 설령 누군가가 '지금 당장 처리하라'라고 요구한다고 해도 그건 당신의 선택이지 필수가 아니다.

실업에 대응하는
자세

주변의 친구들이 일자리를 잃고 방황할 때 자주 해주는 말이 있다.

"지금이 기회라고 생각해. 다시 시작할 기회."

이번 장에는 특별히 일자리를 잃었거나 채무로 힘들어하는 청년들과 나누고 싶은 이야기를 담았다.

한동안 내 주변에는 일자리를 잃거나, 빚에 시달리는 친구가 많았다. 오랫동안 지켜본 결과, 위기를 딛고 성공하는 친구들은 두 부류였다. 빚을 진 채 새로운 삶의 형태에 적응하며 나아가거나, 며칠충분히 쉬면서 마음을 충전하거나. 하지만 어떤 형태든 '새로운 시작'을 선택한다는 건 똑같았다. 진정한 강자는 새로운 시작을 두려워하지 않는다. 생각해 보면 하고 싶었지만 결국 시도해 보지 못한 일이 우리 인생에는 너무 많다.

그렇다면 실패라고 생각되는 지금, 인생을 '리셋'한다고 했을 때 정말 하고 싶었던 그 일을 해보는 건 어떨까? 새로운 시작을 위해서는 다음과 같은 몇 가지를 점검해 보아야 한다.

첫째, 인간관계를 점검하라

만나면 하는 일 없이 술만 마셔대는 미덥지 못한 친구 관계는 정리하라. 당신의 가치 창조를 방해하고 에너지를 소모하는 사람과는 '손절'이 필요하다. 부정적인 에너지만 전가하고 실질적인 도움을 주지 못하는 관계를 정리할 타임이다.

둘째, 목표를 재설정하라

빚을 지게 되는 이유는 보통 장기적 목표가 잘못 설정되어 있기 때문이다. 조용한 장소를 찾아 일기 쓰듯 생각을 정리해 보자. 출발점을 다시 찾는 것이 새로운 시작의 첫걸음이다.

셋째, 자신감을 가져라

일자리를 잃으면 자신감이 떨어진다. 거절당한 사람은 그것이 시대적인 이유 때문인지, 개인의 이유 때문인지 잘 분별하지 못한다. 자신감을 회복하는 일은 거창하지 않다. 작은 일부터 시작해 보자. 매일 아침 일찍, 똑같은 시간에 기상하라. 딱 일주일만 해보자. 아니면 밖으로 나가 달려보자. 한 달 안에 10km 거리를 목표로 정하고 뛰어보자. 사소해 보이지만 자신감을 회복하고 일상으로 돌아가는 데 많은 도움이 될 것이다.

넷째, 일상의 습관과 재무 구조를 재설정하라

일을 그만두면 일상의 루틴이 무너진다. 건강한 삶의 습관과 재무 계획을 다시 세우는 게 무엇보다 중요하다. 매일 필수적으로 지출해야 하는 비용을 계산하고, 본인과 가족의 최저생활비를 설정한 다음, 이를 기반으로 재무 계획을 다시 세우자.

다섯째, '새로운 나'로 살아가자

이 말을 따라 해보자. "과거의 나는 사라졌다. 새로운 나의 삶이 오는 중이다."

자의든 타의든 일을 그만두었다면 앞으로 당신이 해야 할 일은 지금부터 소개할 여섯 가지다. 정말 많은 사람을 만나보고 인터뷰해서 얻은 결론이다. 조금 더 일찍 정리하지 못했던 게 무척이나 아쉽다. 지금이라도 여러분에게 도움이 되길 바라는 마음에 나누어 본다.

첫째, 욕망을 버려라, 기대치를 낮춰라, 소비를 줄여라

실업 급여를 받기 시작했거나 현재 일자리를 잃었다면 스스로 알려주어라. '앞으로 3~6개월 정도는 허리띠를 졸라매야 한다. 평정심을 유지하고 소비 욕구와 기대치를 줄이자.' 매일 일하지 않아도 된다. 매일 항상 바쁘게 살 필요도 없다. 조금 천천히 가는 것도 나쁘지 않다. 일을 쉬게 된 그날부터 카운트다운을 하자. 다소 힘든 나날의 연속이긴 하지만, 새로운 출발을 위한 시작이기도 하다.

아무것도 없는 상태에서 다시 시작한다고 생각하자. 사고를 바꾸면 육체적, 정신적 컨디션도 점점 좋아질 것이다. 단, 긍정적인 마음만은 유지해야 한다. 긍정적인 사람에게 행운이 찾아온다. 심리학 이론으로도 인증된 '끌어당김의 법칙'이다. 어떤 일이 발생했을 때 좋고 나쁨은 그 일 자체가 아니라 그걸 바라보는 시선에 달려 있다. 인생의 슬럼프를 만났다 할지라도 앞으로는 점점 좋아지는 일밖에 남지 않았다. 인간의 생에는 '운명의 주기'라는 게 존재한다. 사람도, 시대도 마찬가지다. 밑바닥을 쳤으면 반드시 다시 올라오는 주기가 있으니 기다려라.

둘째, 멈추라

배달 라이더, 편의점 파트타임 등으로 시간을 헐값에 팔지 마라. 이런 일은 언제든 마음만 먹으면 할 수 있다. 지금 쉬는 3~6개월 정도의 시간을 당신의 '갭 이어Gap year[2]'로 사용하라. 독서와 글쓰기로 영혼을 내실 있게 채우고 다양한 사람을 만나보자.

어릴 적, 당신이 가장 하고 싶었던 일은 무엇인가? 잘 생각나지 않는다면 조용한 곳을 찾아 곰곰이 생각해 보자. 종이 한 장을 꺼내

---

2 1960년대 후반 무렵, 영국에서 처음 시작된 풍습으로, 고등학교 졸업 후 대학 생활을 시작하기 전에 사회 경험을 위해 일을 하거나 자신의 미래를 준비하는 여행을 하면서 보내는 일 년을 의미한다.

서 아이스브레이킹 하듯 생각나는 대로 적어보자. 계속 적다 보면 생각의 흐름을 잡을 수 있을 것이다. 휴식을 너무 두려워하지 말자. 독서와 운동을 하면 90% 이상의 불안을 덜어낼 수 있다. 일기를 쓰다 보면 왜 일자리를 잃었는지, 뭐가 잘못된 건지, 내가 잘한 건 무엇이고 고쳐야 할 점은 무엇인지 차분히 정리할 수 있다.

빚이 있다고 해도 너무 조급해하지 말자. 급한 마음에 여유 자금이나 조달할 수 있는 자금으로 무작정 창업이나 투자에 손을 댔다가 너무 멀리 가버린 사람을 정말 많이 봤다. 빚은 그저 과거의 당신이 잘못된 판단을 내려서 잠시 생긴 것뿐이다. 이번 기회에 그걸 철저하게 분석하고 만회하면 된다. 그렇지 않으면 과거와 똑같은 길을 걷게 될 것이고, 빚은 수습할 수 없을 만큼 눈덩이처럼 불어날 것이다.

셋째, 새로운 기능을 배우자

초등학교 시절에 배우고 싶었는데 차마 하지 못했던 걸 배워도 된다. 나중에 그것이 당신의 인생에 도움을 줄지도 모른다. 인생의 후반부에 정말 하고 싶은 게 무엇인지 시간이 들더라도 천천히 생각해 보자. 그 일은 지속할 수 있는가? 그걸 위해 뭘 배워야 할까? **키워드는 '지속'이다.** 남은 생에 딱 한 가지 일만 할 수 있다면, 그것으로 오랫동안 먹고살아야 한다면 어떤 일을 하겠는가?

개인적으로는 시간이 지나도 가치가 변질되지 않는 기능을 배워놓기를 추천한다. 이를테면 글쓰기나 기타 연주, 포토샵, PPT, 사진, 영상 편집, AI 기술, 기본 코딩 등과 같은 것이다.

넷째, 업계를 보고, 레인을 보고, 새롭게 출발하라

기왕 새롭게 시작하기로 한 거 이미 퇴사한 회사에 미련을 두거나 당신을 포기한 업계에 매달릴 필요 없다. 돈을 벌 '레인'이 어디인지 살펴보자. 모르면 관련 지식을 배우면 된다. 중요한 건 그 레이스를 지속할 수 있는지, 이윤을 창출할 수 있는지다. 관련 뉴스에 주목하고 업계별 다양한 사람들을 골고루 만나보라. 매몰 비용-sunk cost[3]은 생각하지 말자. '그래도 배운 게 있는데!' '내가 이 업계에서 몇 년을 일했는데!'와 같은 생각은 새로운 출발에 방해만 될 뿐이다.

다섯째, 당장 취업은 안 해도 된다, 다만 할 일은 있어야 한다

일하러 가지 않는다고 집에만 처박혀 있으면 안 된다. 안주하지 마라. 일은 걱정하거나 초조해한다고 당장 찾아지는 것이 아니다. 하지만 계속 사람을 만나고 돌아다니면서 당신의 존재를 알려야 한다. 너무 멀리 떠나 있지는 말자. 사람들이 당신을 잊지 않도록 말이다.

지인 중 한 명은 이직 전에 좀 쉬고 싶다면서 따리大理로 3개월 살이를 떠났다. 그런데 3개월이 지나자 더 쉬고 싶다며 3개월을 더 보냈다. 나중에 돌아와 보니 그를 기억하는 사람이 별로 없었다. 다시 취업 시장에 돌아왔을 때 면접관이 물었다. "반년 동안 뭘 하면서 보낸 거예요?" 그는 딱히 대답할 말이 없었다고 한다.

시장에서 너무 멀리 떠나 있으면 안 된다. 작은 일이라도 조금씩 하는 게 좋다. SNS에서 물건을 팔아도 좋다. 단, 사람은 만나야 한

---

3 이미 지출해서 회수할 수 없는 비용.

다. 재취업을 준비하는 커뮤니티에 가입해서 새로운 사람을 사귀는 것도 좋은 방법이다. 삶과 일에는 흥미가 있어야 한다. 그저 한때 유행을 따라 움직이지 말자. 유행의 흐름은 당신과는 크게 관련 없다. 당신이 정말 좋아서 열정을 품는 곳이 어딘지 찾아보고 거기서 바람을 일으키도록 하라.

여섯째, 나가라

물리적으로 외부에 나가는 것도 필요하지만, 정신적으로도 '나가야' 한다. 다른 도시로 가서 살아보면 안다. 같은 나라 사람끼리도 생활 방식이 너무 다르다는 걸. 다른 나라에 가서 살아보면 더 실감한다. 사고방식 자체가 다르다는 걸. 사람들이 요즘 나를 보면 '젊어 보인다'라는 말을 많이 한다. 아마 내가 젊은 친구들과 교류를 자주 해서 그런 것 같다. 나는 '정신적인 노인'들과는 거리를 두는 편이다. 배우려고도 하지 않고, 성장하려고도 하지 않는 사람들하고는 친하게 지내지 않는다.

마지막으로 매우 안정적인 직장에서 일하는 청년들에게 하고 싶은 말이 있다. 최대한 빨리 떠나라. 평생 그 직장에서 일할 생각은 거두는 게 좋다. 우리 부모 세대처럼 한 직장에서 평생을 몸 바쳐 일하는 시대는 이미 지나갔다. 시대의 변화는 상상을 초월한다.

나귀를 타고 걸어가면서 주변에 좋은 말이 없는지 찾아보자. 기회는 온다. 그것이 위기에 대응하는 최고의 방법이다.

장기적인
안목으로 자신에게
투자하라

최근 젊은이들 사이에 현학玄學[4], 점술, 타로, 사주, 별자리와 같은 것에 대한 공부가 유행하고 있다. 이로써 미래에 대한 일종의 확신을 얻으려는 것 같다.

이런 현상이 한편으로는 황당하기도 하지만, 결국 이유는 단순하다. 젊은이들이 사는 게 너무 힘들고 미래가 불안한 나머지 이런 공부들로 일종의 위로를 얻으려는 것이다.

현학 공부가 잠시 위로는 될지 모르겠으나, 결국에는 공허하고

---

4 이론이 깊고 어려워 깨닫기 힘든 학문, 또는 노자와 장자 일파의 학설을 의미한다. 중국 위진남북조 시대에 유교와 도교를 혼합해 『역경』『도덕경』『장자』 등 '삼현(三玄)'을 중시하여 발전한 학문이다.

허무함만 커진다. 왜냐하면 현실의 문제는 여전히 해결되지 않은 채 그대로 남아 있기 때문이다.

그렇다면 앞이 보이지 않고 허망할 때 어떻게 해야 제대로 된 방향을 찾을 수 있을까?

운을 기대하지 말고 나를 바꿔나가야 한다. 나에게 투자하는 것이 걱정과 불안을 대처하는 최고의 방법이다.

어떻게 하면 효과적으로 투자할 수 있을까?

첫째, 지식에 투자하라: 세상을 여는 열쇠가 거기에 있다

우리가 불안하고 초조함을 느끼는 많은 순간은, 손에 쥔 자원이 너무 적어 상황을 어떻게 바꿔야 할지 알지 못할 때다. 그럴 때 가장 간단하면서도 비용이 적게 드는 해법은 바로 '배우는 것'이다.

- **도움 되는 책 읽기:** 앞에서 소개했던 레이 달리오의 『원칙』 같은 책은 일상생활이나 업무에 실질적으로 적용할 방법론을 제시한다. 『1만 시간의 재발견: 노력은 왜 우리를 배신하는가』(비즈니스북스, 2016)와 같은 책도 '과학적인 노력'을 통해 당신의 실력을 키울 방법을 알려줄 것이다.
- **새로운 기능 익히기:** 미래에 유용하게 사용될 기능을 익혀보자. AI 도구나 영상 편집, 글쓰기, 코딩 등은 돈이 적게 들어가지만 향후 당신의 가치를 올려줄 기능이다.
- **인풋·아웃풋 유지하기:** 새로운 아이디어가 떠오르면 기록하는 습관을 길러보자. 일기를 써도 되고, 짧은 게시글로 남기거나

친구와 대화를 나눠도 좋다. 인풋에 아웃풋이 더해지면 생각이 더 명확해져서 진정한 내 것을 만들 수 있다.

둘째, 시간에 투자하라: 단 1분도 가치가 있다

젊은이들에게 가장 소중한 것이 바로 시간이다. 그러나 무의식중에 이를 낭비하는 사람이 태반이다. 시간에 효과적으로 투자하려면 어떻게 해야 할까?

- **무의식중에 낭비하는 시간 줄이기**: 쇼트폼 보기, 연예 기사 보기, 무의미한 친구 관계 등에서 느끼는 즐거움은 잠시 잠깐이다. 그 시간을 당신의 실력을 키우는 데 사용하도록 하라.
- **작은 목표 세우기**: 매일 책 20페이지 읽기, 매일 영어 단어 10개 외우기 등 작은 목표를 세워 꾸준히 실천하라. 당신도 모르는 사이에 실력이 쌓일 것이다.
- **효율적으로 시간 관리하기**: 하루 중 컨디션이 가장 좋은 시간대를 찾아 중요한 일을 우선 처리하도록 하라. 시간을 어디에 어떻게 쓰느냐에 따라 당신의 미래가 달라진다.

앞이 보이지 않을 땐 당신이 더 좋은 사람이 되는 일에 시간을 써야 한다.

셋째, 건강에 투자하라: 몸과 마음의 상태가 곧 당신의 성격이다

젊을 때는 건강의 소중함을 잘 모른다. 영원히 건강할 것만 같아서다. 하지만 건강이야말로 모든 것의 기초다. 건강을 잃으면 모든 노력이 물거품으로 돌아간다.

- **잘 쉬기:** 잘 자야 컨디션이 좋다. 7~8시간 정도 숙면을 하면 컨디션이 훨씬 좋아지는 걸 느낄 수 있다.
- **운동하기:** 주 3~4회 정도 러닝이나 수영, 근력 운동 등을 하자. 운동은 건강에도 좋지만, 걱정과 불안을 덜어내는 데 효과적이다.
- **잘 먹기:** 배달 음식을 줄이자. 아무리 바쁘더라도 식사는 거르지 말고 잘 챙기자. 기름진 음식과 당을 줄이고, 영양소를 골고루 섭취하라. 몸이 건강하면 마음도 덩달아 건강해진다.

넷째, 건강한 관계에 투자하라: 인생은 좋은 사람만 만나기에도 짧다

SNS 게시물에 '좋아요'를 눌러주는 사람은 많아도 진짜 당신을 성장하게 하는 사람은 많지 않다.

- **더 좋은 사람 되기:** 당신이 출중할수록, 능력이 좋을수록 똑같이 유능한 사람을 만나기 쉽다.
- **유능한 사람과 친해지기:** 독서회나 온라인 스터디 모임 등에 참여해, 생각이 깊고 행동으로 좋은 결과를 만들어 내는 사람들과 대화를 나누며 자연스럽게 친해질 기회를 마련해 보자.
- **영양가 없는 관계 피하기:** 누구와 함께하는지가 중요하다. 의미 없는 관계나 식사 모임, 회식 자리에 참석하느라 시간을 낭비하지 말자. 건강하고 좋은 관계는 양이 아니라 질에 달려 있다. 유능하고 좋은 사람을 많이 만나자. 당신도 그렇게 변할 것이다.

다섯째, 여지를 확보하라: 저축하라

불안과 걱정은 보통 미래에 대한 불확실성에서 비롯한다. 그래도 여유 자금이 조금 있으면 불안감이 줄어든다.

- **저축 습관 기르기**: 매달 수입의 20~30%는 무조건 저금하는 습관을 기르자. 아무리 적은 돈이라도 상관없다. 습관을 기르는 게 핵심이다.
- **소비주의에 휘둘리지 않기**: 남들에게 '보이기 위해' 돈을 쓰지 않도록 하라. 진정한 자유는 당신이 여러 선택지를 지녔을 때 나온다. 채무에 시달리면서 여유로운 삶을 즐길 수는 없다.

막막함과 불안은 젊은이들의 공통적인 운명이다. 그러나 그걸 해결하는 방법은 어렵지 않다. 자신에게 투자해서 더 나은 사람이 되도록 하라. 다른 조건은 자연스레 나아질 것이다. 꾸준히 지식을 쌓고 몸과 영혼을 단단히 돌보며, 시간을 효율적으로 쓰고 심리적 여유까지 갖춘 사람은 결국 더 넓은 길로 나아간다.

"오늘의 나는 어제보다 더 나아졌을까?"

우리에게 가장 중요한 자원은 시간이다. 당신이 가장 좋아하는 그 일에 시간이라는 자원을 사용하라. 돈은 저절로 따라올 것이다.

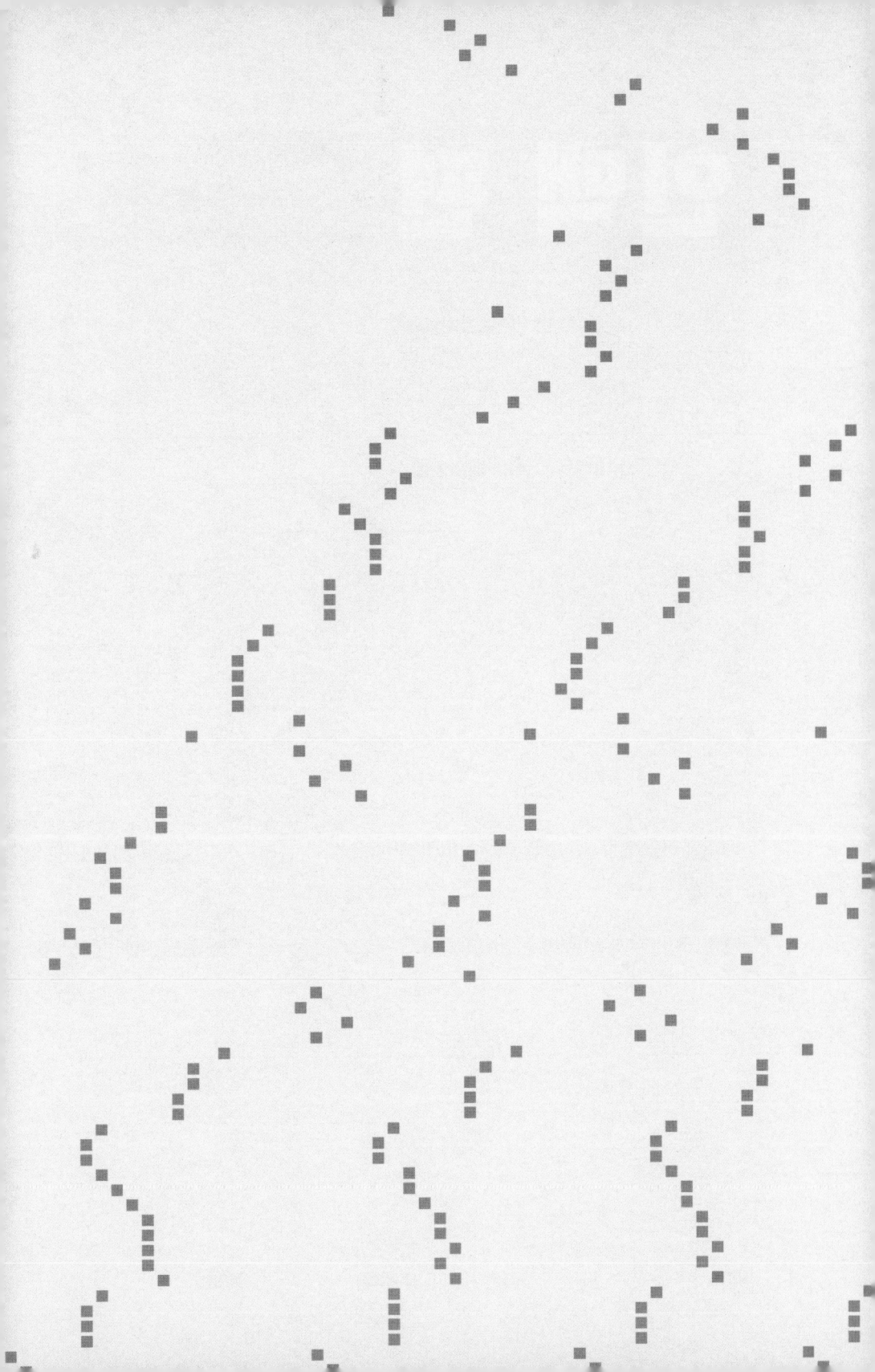

인맥 편

당신이
누구를 아는가보다
'누가 당신을 아는가'가
훨씬 중요하다

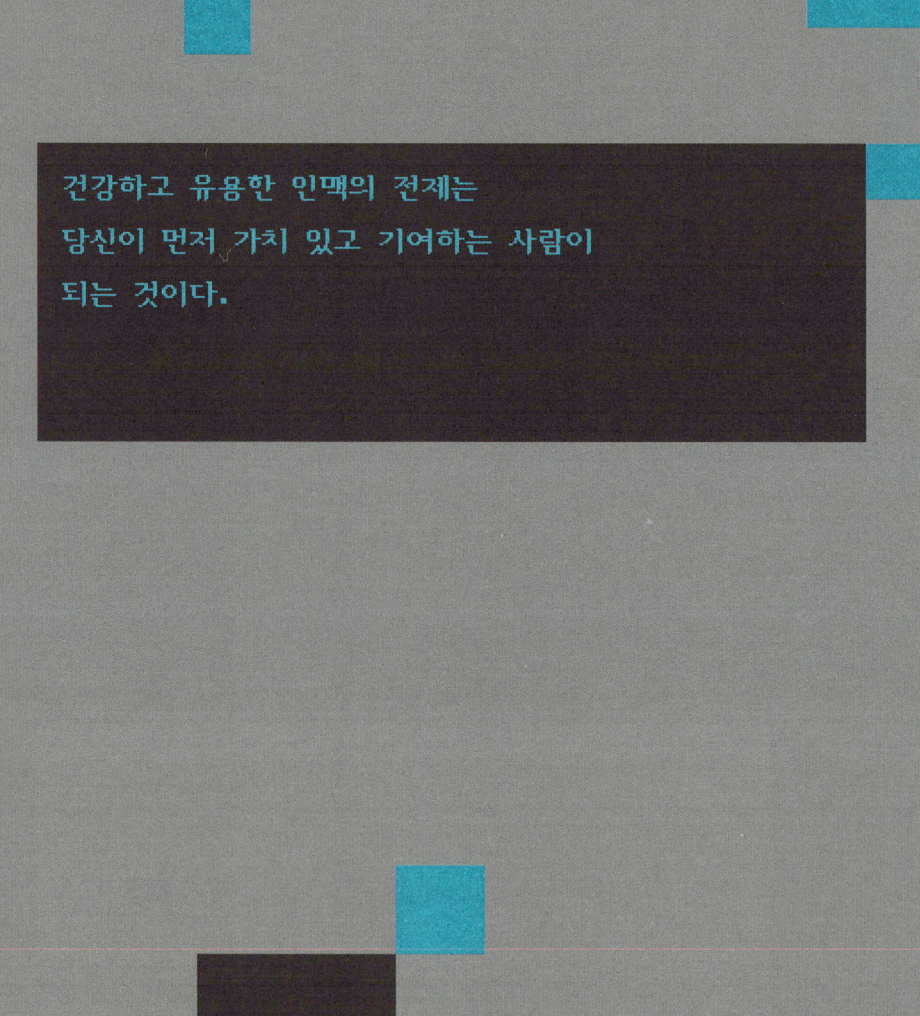

건강하고 유용한 인맥의 전제는
당신이 먼저 가치 있고 기여하는 사람이
되는 것이다.

가치 있는
인맥 자원을 찾아라

나는 걸핏하면 본인이 가진 걸 드러내고 으스대는 사람을 경계한다. 처음에는 그런 사람들이 대단해 보였다. 그런데 몇 번 안 좋은 일을 겪고 나니 자꾸만 자신이 가진 것을 자랑하면서 드러내려는 사람을 보면 먼저 이렇게 묻는다.

"그래서. 당신이 가진 게 석탄이에요? 아니면 광산이에요?" 경험상 자신이 얼마나 많이 가졌는지, 얼마나 대단한 사람인지 본인 입으로 드러내려는 사람은 80%가 '사기꾼'이다.

보통 그런 허영과 자만에 빠진 사람은 자신이 마치 대단한 인맥을 가진 것처럼 말한다. 그런데 알고 보면 대부분 '영양가 없는' 자원들이다. 그 이유는 일단 일을 시작하면 그렇게 떠들어대던 '자원'

들을 실제로 하나도 써먹지 못하기 때문이다. 바꿔 말하면 그 사람이 입이 닳도록 자랑하던 인맥은 실제로는 그와 아무런 상관이 없다는 뜻이다.

이런 사람들은 전화번호 목록에 연락처가 가득하다. SNS에는 팔로워도 수두룩하다. 다 본인의 지인이라고 말하는데 막상 그 사람들을 만나서 물어보면 그를 모른다고 말한다.

진짜 인맥은 내가 누구를 아느냐가 아니라 '누가 나를 아느냐'로 따진다. 내가 누군가와 연결된 게 중요한 게 아니다. 그 관계를 통해 일을 성사할 수 있느냐 없느냐에 따라 진짜 인맥과 가짜 인맥이 갈린다.

이번 장에서는 '자원'에 관한 비밀을 얘기해 보려고 한다. 젊은이들은 자신만의 '자원'을 찾는 법을 배워야 한다. 과거 세대는 수중에 어떤 자원이 있느냐에 따라 하는 일이 달라졌다. 하지만 지금 세대는 다르다. 내가 하고 싶은 일에 따라 자원이 달라진다. 필요한 자원은 직접 찾아 나서면 된다. 이 '자원'에 관한 여섯 가지 비밀을 공유하고자 한다.

첫째, 유용한 자원 찾기

불편하게 들릴 수 있겠지만 술자리에서 알게 된 친구들은 쓸모없는 자원이다. 술자리에서 사업을 논하는 사람들을 무시하는 게 아니다. 술 접대로 일을 물어오던 시대는 저물었다. 온라인과 빅데이터로 더 많은 자원을 분배할 수 있다. 그러니 술 마시며 자원을 얻어내느라 건강을 해치는 것보다는 스마트폰에 애플리케이션 몇 개만 내려받아 같은 꿈을 꾸는 사람들과 접촉하고 얘기하는 것이 훨씬 지혜로운 방법이다.

유용한 자원은 '사용 가능한' 사람을 말한다. 당신이 '아는 사람'은 많을지 몰라도 그들을 정말 '쓸 수 있는가'는 또 다른 문제다. 등 가교환을 할 수 없는 사이라면 쓸모없는 자원이다. 바꿔 말하면 당신이 유용한 가치를 그들에게 제공하지 못하면 그들 역시 당신에게 진한 농도의 우정을 주지 않는다. 이것이 어른들의 세상에서는 지극히 평범하고 정상적인 일이다.

그렇다면 유용한 자원은 어떻게 얻을 수 있을까? 나의 답은 '독서'다. 진정한 고수들은 직접 저술한 저서가 있다. 고수들의 책을 많이 읽도록 하라. 독서를 쓸모없다고 생각하는 이들이 있다. 그건 독서가 쓸모없는 게 아니라 그 사람이 쓸모없는 것이다. 본인이 쓸모없으면 독서는 물론, 뭘 해도 유용하지 않다.

과거에 하고 싶은 일이 있어서 관련 분야의 베스트셀러를 찾아 읽어봤다. 책 표지에는 저자의 SNS 계정 QR코드가 찍혀 있었다. 나는 QR코드를 스캔해 저자의 계정을 찾아냈다. 저자는 업계에서 알아주는 유명 인사였다. 물론 지인을 통해 충분히 소개받을 수 있었지만, 혼자 힘으로 한번 해보고 싶은 마음에 장문의 메시지를 보냈다. 그는 메시지를 읽고 내 계정을 방문했다. 팔로워가 4백만 명인 것을 보고 인터넷에서 내 정보를 조금 더 검색해 보았고, 괜찮았다고 생각했는지 나를 메신저 친구로 등록했다. 얼마 후 그는 자신이 속한 단체방에 나를 초대했다.

단체방에 처음 들어갔을 때는 별말을 하지 않았다. 그러나 기왕 그와 알고 지내기로 한 거, 더 노력해 보기로 했다.

온라인에서 친구를 사귈 때 세 가지 원칙이 있다. 자주 등장하기, 적극적으로 표현하기, 타인에 기여하기. 단체 방에 누군가 질문을 남기면 내가 아는 한 가장 먼저 성실히 대답해 주었다. 이는 친구를 사귀는 중요한 세 가지 방식과도 상통한다. **이타적일 것, 많이 베풀 것, 적게 요구할 것.**

단체 방에서 자주 말하도록 하라. 그리고 SNS에 게시물을 자주 남기도록 하라.

물론 저자에게 용기를 내서 연락했는데 회신이 없을 수 있다. 상관없다. 요즘은 돈을 내고 사용하는 채널도 다양하게 존재하니까, 그 저자가 하는 강의를 찾아 들어보고, 관련 커뮤니티에 가입해도 좋다. 도저히 그와 접촉할 기회가 없다는 건 그만큼 당신의 역량이 부족하다는 말이기도 하다. 그 저자가 아무런 반응이 없다면 다른 저자를 찾아보도록 하라. 너무 유명한 사람 말고 중간 레벨의 인사도 괜찮다. 다들 SNS 계정 하나쯤은 가지고 있을 것이다. 요즘은 책을 쓰고 SNS로 소통하는 게 대세니 불가능한 일이 아니다. 상대가 친구 요청을 수락했다면 그다음 스텝은 당신의 가치를 상대에게 더 많이 제공하는 것이다.

인터넷을 잘 활용해야 한다. 빅데이터 시대에는 온라인에서 맺어지는 관계도 깊은 인연이 될 수 있다. 최소한 같은 취미와 사고방식으로 서로 소통할 수 있지 않은가.

둘째, 모임 주최하기

'아니, 조금 전까지는 술 마시며 일 얘기하는 시대가 아니라고 하더니, 이 작가가 정신 나갔나?'라고 생각할 수 있다. 내가 말하는 '모임'의 성격은 조금 다르다. 명확한 목표가 있는 모임이다. 그리고 그 모임의 주체는 바로 '나 자신'이다. 당신이 호스트가 된 모임은 자연스럽게 당신 위주로 대화를 나누고 사람이 모인다. 만약 더 많은, 유용한 자원을 얻고 싶다면 진심으로 이렇게 조언한다. <u>사람을 많이 초대하고 당신이 밥값을 내면 된다.</u> 밥 한 끼 사는 걸 아까워하지 말자. 밥을 먹는 그 시간에 사람들은 모두 당신을 중심으로 움직인다. 소위 자원을 찾는다는 건 결국 '자원의 중심이 된다'는 뜻이다. 사람들이 당신을 중심으로 관계를 맺고, 나아가 같이 일까지 하게 된다면 이러한 자원이야말로 진정으로 유용하다. 누군가와 밥을 먹는다는 건 단순히 정말 '밥만 먹는'게 아니다. 그러니 가끔은 몰라도 '혼밥'을 너무 즐기는 사람이 되지 않았으면 한다.

처음 MBA 과정에 들어갔을 때는 대체 왜 그렇게 사람들이 자꾸 모여서 밥을 먹는지 이해할 수가 없었다. 하지만 나중에야 알았다. 같이 밥 먹고 술 한잔 마시면서 사람을 골라내는 것이었다. 한 반에는 대략 80명 정도의 수강생이 있었다. 그 '선발'의 과정을 거쳐 골라낸, 본인에게 정말 유용한 사람은 겨우 한두 명 정도였다. 같이 밥을 먹으면서 대화를 나눠보면 상대가 '내 사람'인지 아닌지 감이 온다. 그렇게 유용한 자원을 확보할 수 있다. 그러니 당신이 호스트가 되어 사람들을 많이 초대해 보자.

셋째, 자원 통합하기

사람은 각기 다른 전문 지식과 특기가 있다. 그런 사람들이 지닌 자원을 통합하는 게 중요하다. AI가 아무리 대단해도 유능한 CEO 들을 완벽히 대체할 수 없는 이유가 뭘까? 그들은 모든 영역별로 조금씩 다 알기 때문이다. 기술, 제품, 콘텐츠, 마케팅을 다 알지만, 또 전문가만큼 조예가 깊진 않다. 그래서 업계에서 그 분야에 정통하고 리더십 있는 사람들을 불러 모아 곁에 두고 일한다. 사실 이러한 CEO들도 결국은 '모임'을 주선하는 사람들이다. 다만 '밥 모임'이 아닐 뿐, 업무상 모임을 주선하는 '호스트'의 역할을 하는 셈이다. 그들은 유능한 사람들을 불러 모아 하나의 목표를 향해 달리도록 격려하고, 그 과정을 신뢰하게 한다. 그런 다음 함께 손을 잡고 앞을 향해 나아간다.

AI 시대에 특별히 필요한 기능은 사람들의 인정을 얻어내는 능력이다. 입을 열면 더 귀 기울여 듣고 싶은 사람이 있는 반면, 말만 하면 반감이 들고 꼴 보기 싫은 사람이 있다. 왜 그럴까? 이 역시 친구 사귀기 법칙과 연관이 있다. 그 말이 진실인지 아닌지, 이타적인지 이기적인지를 따져보면 바로 답이 나온다.

미래에 사람들에게 환영받는 리더는 친한 언니, 오빠 혹은 선배와 같은 관계이다. 절대 상하 위계 관계가 아니다. 직원들의 고충을 경청하고, 그들의 아픔을 공감해 주는 것이 진정한 미래의 리더십이다. 사람들이 찾아오고 싶고, 믿고 싶고, 얘기하고 싶은 리더가 되는 것이 자원을 통합하는 비결이다. 디디DiDi, 우버Uber와 같은 택시

기업들은 차 한 대 없이 택시 시장을 통합했다. 타오바오_{taobao}, 테무 Temu는 리테일 숍 하나 없이 소매 시장을 장악했다. 자원 통합에 능한 개인과 회사가 최고의 위너가 되는 시대가 도래했다.

넷째, 자원 수집하는 습관 기르기

스탠퍼드대학에 있을 때 아는 형이 한 기업의 대표를 소개해 주었다. 대표의 아들도 마침 스탠퍼드대를 다니고 있었는데, 틱톡으로 단편 영화를 찍어 해외 시장을 공략하는 업무를 해보고 싶은데 편집할 사람을 찾고 있다며 내게 의향을 물었다. 물론 나는 수락했다. 이어서 그는 자신이 생각하는 비즈니스 모델을 한참 동안 설명했다. 설명을 다 들은 뒤에 내가 그에게 혹시 '손 대표를 아느냐?'고 물었다.

그는 깜짝 놀라며 "그와 아는 사이인 걸 어떻게 알았느냐?"고 물었다. 나는 그가 추구하는 비즈니스 모델이 손 대표와 매우 비슷하다고 말하며, 예전에 휴대전화 노트에 기록해 둔 내용을 찾아서 보여주었다. 당시 나는 나중에 혹시나 빈털터리가 되면 단편 영화 각본을 써야 할 날이 올지도 모른다고 생각했고, 그래서 업계 인사인 손 대표와 관련한 내용을 저장해 두었다.

그날 저녁에 그는 바로 손 대표를 불렀다. 우리는 스탠퍼드에서 함께 저녁 식사를 했다. 손 대표가 재미있다는 듯 내게 말했다. "내가 스탠퍼드에 와서 이 일을 하게 되리라고는 생각하지 못했어요. 당신에게 단단히 잡혀버렸네요." 나도 신기할 따름이라고, 정말 우연히 이뤄진 일이라고 했더니 그가 웃으며 말했다. "그래요. 때마침 요즘 단편 영화 일을 하고 있는데 혹시 당신도 맡기고 싶은 일이 있으면 저한테 넘겨주세요." 그 일을 계기로 나는 5천만 원의 수익을 올렸다.

이것이 바로 자원 통합의 힘을 보여주는 사례이다. 자원을 통합하는 일은 절대 한순간에 갑자기 이뤄지지 않는다. 자원을 수집하는 습관이 있어야 가능하다. 머릿속에 언제나 노트가 하나 있어야 한다. 그래서 새로운 사람을 사귀거나 새로운 뉴스를 보거나 새로운 정보를 얻을 때마다 의식적으로 기록해 두어야 한다.

다섯째, 20대는 체력이, 30대는 능력이, 40대 이후에는 자원 통합이 자산

일정 나이가 되면 능력과 체력으로 돈을 벌기에는 벅찬 시기가 온다. 그러다 보면 결국 사회에서 도태되는 수밖에 없다.

왜 인터넷에 '35세 이상 감원 대상'이라는 기사가 종종 등장할까? 원인은 세 가지다.

첫째, 임금이 너무 높다. 둘째, 관리 난도가 높다. 셋째, 체력이 떨어져 젊은이들만큼 일을 해내지 못한다. 그래서 회사는 퇴직금을 두둑이 챙겨주고서라도 내쫓는 것이다. 그런데 문제는 그들이 그렇게 나가서 새로운 일자리를 잘 찾을 수 있느냐는 것이다. 대부분 회사는 35세 이상의 구직자를 원하지 않는다. 나이로 차별하는 것 같지만 부정할 수 없는 현실이다. 40세가 되어서도 시간을 팔아 돈을 버는 일을 한다면 심신은 극도로 피곤할 수밖에 없다. 그러므로 젊은이들은 '35세의 위기'를 미리 준비해야 한다. 그러기 위해서는 최대한 빨리 자원을 통합하는 법을 배워야 한다.

여섯째, AI 시대에 가장 중요한 자원은 '정보'

개인의 디지털 자산이 향후 중요한 자산 포트폴리오가 될 것이다. 책을 많이 읽어보고 유튜브도 많이 찾아보자. 새롭게 등장해 사람들 사이에 쟁점이 되는 사이트도 찾아 들어가 보자. 정말 원하는 양질의 정보는 돈을 내면 얻을 수 있다.

물론 온라인 시대에는 수많은 정보를 무료로 취할 수 있다. 하지만 '공짜'야말로 가장 비싼 것임을 기억하라. 왜냐하면 그 뒤에 보이지 않는 엄청난 상술이 깔려 있기 때문이다. 콘텐츠 크리에이터인 나에게 돈을 주지 않고 10만 자 원고를 써내라고 한다면 나는 아마 대충, 아무렇게나 써낼 것이다. 오탈자도 교정하지 않을 수 있다. 하지만 원고료를 입금해 주면 최대한 성실하게, 정성을 다해 써줄 것이다. 이처럼 무료와 유료는 질적으로 큰 차이를 보인다.

적은 돈으로 양질의 정보를 얻을 수 있는 방법이 바로 독서다. 기껏해야 만 원에서 2만 원 정도로 작가가 오랫동안 고생해서 써낸 성과를 누릴 수 있으니 얼마나 가성비 좋은 투자란 말인가.

상류로 향하는
인맥 다지기

본인이 소위 사회에서 '잘 나가는' 사람들과 잘 아는 사이인 것처럼 으스대며 자랑하는 사람이 많다. 하지만 실제로는 온라인 게시물에 '좋아요'만 누르는 관계일 뿐, 그 이상도 이하도 아닌 경우가 있다. 나는 이런 관계를 '좋아요 관계'라고 부른다. 더 슬픈 건 나는 그 사람 게시물에 '좋아요'를 누를지언정 그 사람은 내게 관심조차 없다는 사실이다. 이러한 관계는 쓸모없는 관계다.

내 능력이 아직 부족해 누군가를 위해 가치를 창조할 수 없다면 어떤 사람을 만나든 소용이 없다. 인맥을 넓히는 본질은 '내게 도움이 되는 누군가를 사귀는 것'이지 그저 '내가 누구를 아는' 정도로 발을 넓히려는 게 아니다. 사실 『나를 소모하는 사람을 멀리하라』라는 책까지 냈지만, 나야말로 인간관계에서 누구보다 많은 실패를 경험했다. 따라서 그 책은 처절한 자기반성을 담은 것이기도 하다.

한번은 도움을 구하기 위해 어떤 사람을 메신저 친구로 추가하려고 했다. 그런데 한마디로 거절당했다. 얼굴이 화끈거리고 체면이 구겨지는 것 같았다. 이유는 간단했다. 우리 사이를 잇는 중간 친구가 나를 건성으로 소개했기 때문이다. 상대는 내가 뭘 하는 사람인지 몰라 귀찮게 여겼다. 나중에 어떤 행사 자리에서 그를 다시 만날 일이 생겼는데, 나는 한 기업의 인공지능 고문 자격으로 참석했고, 그의 회사는 이제 막 인공지능으로 사업을 전환하는 단계였다. 그런 이유로 우리는 좋은 관계를 맺을 수 있었다.

그 일을 계기로 나는 확실히 깨달았다. 내가 얼마나 대단한 사람인가는 그리 중요하지 않다. 상대가 필요한 가치를 제공할 수 없다면 좋은 친구가 될 수 없다. 상류로 향하는 인맥에 관해 본격적으로 얘기하기 전에 먼저 당부하고 싶은 게 있다.

당신이 먼저 가치 있는 사람이 되어야 한다. 누군가에게 기여하는 사람이 되어야 한다. 상류로 향하는 인맥 다지기의 시작은 여기에 있다.

그러나 이제 막 사회생활을 시작한 젊은이들의 경우 딱히 내세울 만한 자원이 없는 게 사실이다. 그렇다면 '상류 인맥'은 어떻게 만들 수 있을까? 다섯 가지 비결을 알려주고자 한다.

첫째, 당신의 성장 과정에 참여하게 하라

예전에 같이 일하던 직원 중에 1996년생이 한 명 있었다. 그는 여타 직원들과는 달리 거의 매일 보고서를 작성해 자신이 그날 뭘

했는지, 어떤 영감을 얻었고 어떻게 성장했는지 보고했다. 그가 퇴사한 뒤 우리는 좋은 친구가 되었다. 이유는 간단했다. 다른 직원들은 그저 '업무'를 보고했지만, 그는 자신의 '성장'을 보고했기 때문이었다.

사람은, 특히 우리 같은 중년의 남성들은 누군가에게 '좋은 스승'이 되고 싶은 마음이 있다. 늘 마음속으로는 '오지랖 떨지 마라'라고 스스로 주의를 주지만, 정말 가끔 열심히 사는 청년들의 성장 과정에 함께 참여해 조언하고, 응원하고 싶은 마음이 굴뚝같다. 그 친구는 이직 후에도 그런 일일 보고서를 계속 작성했다. 나는 그런 그가 때로는 자식처럼, 친동생처럼 느껴졌다.

기억하라. 당신의 멘토가, 혹은 '성공 인사'가 당신의 성장을 직접 목도할 수 있게 하라. 당신의 남다른 변화를 보여주면 그는 당신의 성장 과정에 기꺼이 참여할 것이다.

둘째, 과감해지고 또 과감해져라

사실 소위 성공한 사람들은 정해진 틀이 없다. 내가 만나봤던 유명 인사들은 모두 그랬다. 그러니 특별히 무서워하거나 두려워할 필요 없다. 그들에게 적극적으로 다가가 친구가 되면 된다. 함께할 기회가 생기면 무서워하지 말고 말을 걸어보자. 아무 말도 하지 않은 채 입을 닫고 있으면 그는 당신이 무슨 생각을 하는지 알지 못한다.

질문을 많이 하고 말은 적게 하라. 그들의 생각과 견해, 관점이 무엇인지 물어 그들이 표현하게 하라. 만일 그들이 깊은 토론이나 대화를 불편해하면 가벼운 화제로 전환해도 좋다. "무슨 음식을 제일 좋아하시나요?" "제일 좋아하는 도시는 어디인가요?"

중요한 건 당신이 먼저 능동적으로 움직여야 한다는 것이다. 처음 책이 나왔을 때, 내가 먼저 유명 저자인 고전古典 선생(『생각의 벽을 허물라』(국내 미출간)의 저자)께 장문의 메일을 드려 추천사를 부탁드렸다. 사실 당시는 선생님과 잘 아는 사이가 아니었다. 선생님은 흔쾌히 승낙하셨고, 멋지게 추천사를 써주셨다.

"메시지를 보내봤어요, 그런데 답장이 없는걸요"라고 말하는 사람들이 있다. 계속 용기를 잃지 않도록 하라. 열 번 찍어 안 넘어가는 나무는 없다.

캐나다에서 공부하는 동안 자주 가는 카페에서 학생들에게 인기 만점인 교수를 뵌 적이 있다. 나는 먼저 그 교수에게 다가가 인사드리고 이야기를 나누었다. 나중엔 그와 자주 이메일을 교환하며 더 깊은 대화를 나눌 수 있었다.

먼저 다가가서 관계를 맺자. 당신을 먼저 소개하고 그와 연락을 나누고 싶은 이유를 잘 설명하라.

셋째, 공통의 언어를 사용하라

대도시에서 친구를 사귀는 가장 좋은 방법은 같이 일을 하는 것이다. 공통의 목표가 있으면 '신분'의 차이를 막론하고 친구가 될 수 있다.

한번은 샌프란시스코에서 한 투자자를 우연히 알게 되었다. 나는 그를 만나 대화를 나누고 싶었다. 하지만 상대는 수억 달러에 달하는 프로젝트를 진행 중이어서 나를 만날 시간이 없다고 했다. 고민하는 내게 컨설턴트가 조언을 하나 해주었다. "그 사람에게 이렇게 말해 보세요. 당신에게 새로운 아이디어가 있는데 그와 '교환'하고 싶다고요." 핵심은 '교환'이었다. 그의 시간을 무작정 빼앗겠다는 말이 아니었다. 교환은 다시 말해 양쪽 모두가 가치를 얻을 수 있다는 얘기다.

넷째, '브로커'를 찾아라

'브로커'란 중개인을 말한다. 새로운 곳을 갈 때마다, 또 거기서 인간관계의 보이지 않는 담을 허물 때마다 먼저 필요한 건 현지의 '브로커'를 찾아내는 일이다. 해외에서는 보통 보험 매니저나 부동산 중개인이 이 역할을 한다. 발이 넓기 때문이다.

브로커들은 SNS나 메신저 프로필 사진에 유명인들과 찍은 사진을 자주 올리고, 행사나 모임에 참석했던 사진을 게시한다. 만일 당신이 알고 싶은 사람이 있거나 어떤 모임에 빨리 합류하고 싶다면 그 커뮤니티의 '브로커'를 찾아가라. 그들의 인정을 받으면 포문이 활짝 열려 아는 사람이 훨씬 많아질 것이다.

다섯째, 당신의 유능한 친구를 소개하라

지금 당신의 사정이 그리 좋지 않거나 아직 제공할 만한 가치가 크지 않은데 유명인을 사귀고 싶다면 간단한 해결 방법이 하나 있다. 모임을 만들고 거기에 당신의 유능한 친구를 데려가 그에게 소개하는 것이다. 그들이 서로 인사를 나누고 알아가는 과정에 당신도 자연스럽게 참여하게 될 것이고, 이를 계기로 더 많은 인맥을 다질 수 있다.

귀인을 통해 평범한 인생의 퇴로를 마련하라

내 주요 독자층인 청년들에게 자주 하는 말이 하나 있다.

"특별히 금수저 출신이 아니라면 가장 좋은 인생의 포트폴리오는 자신을 위한 퇴로를 만들어 두는 것"이다. 세상은 당신에게 생각만큼 그리 많은 '실수'를 허용하지 않는다. 일단 인생의 길을 한 번 잘못 설정하면 자꾸만 잘못된 길로 접어들게 된다. 이럴 땐 퇴로를 마련하는 것이 좋다. 이번 장에서는 어떻게 퇴로를 마련하는지, 그리고 그 퇴로가 얼마나 중요한지에 관해 이야기해 보려 한다.

2019년에 『퇴로를 차단해야 출구가 보인다 你没有退路，才有出路』(국내 미출간)라는 책을 쓴 적 있다. 이 책은 젊은이들 사이에 큰 반향을 일으켰다. 이유는 단순했다. 당시는 전체적으로 경제 상황이 양호했다. 청년들의 취업률은 높았고, 직장에서 자리를 잘 잡아 착실하게 돈만 모으면 되는 상황이었다. 꼭 직장에 나가지 않아도 1인 미디어나 SNS 계정으로 돈을 쉽게 버는 시대였다. 그런데 지금은 다르다. 청년들은 일하지 못하는 경우를 생각해서 미리 다른 길을 대비해야 한다. 퇴로를 마련하지 않으면 출구도 찾을 수 없게 되었다.

직업을 선택할 때 하나의 방향만 보고 걸어가면 놓치는 기회가 너무 많다. 한 영역에 너무 많은 시간을 투자하는 경우 진전도 없을뿐더러, 소중한 청춘을 낭비할 수 있다. 또 다른 직업을 가질 기회로부터 점점 멀어지게 된다.

이제 미래를 계획할 때 열린 마음, 유연한 생각을 유지하는 것이 무엇보다 중요하다. 변화가 필요할 때는 과감하게 시도해야 한다. 나는 늘 청년들에게 인생에서 무언가를 선택할 때는 대담해질 필요가 있다고 얘기해 왔다. 그러던 어느 날, 사촌 동생이 내게 이런 말을 했다. "형, 나처럼 아무런 배경이 없는 사람들은 한 번 잘못 선택하면 그냥 끝나는 거야." 그날 처음으로 깨달았다. 기회도, 자원도 없는 평범한 사람에게는 반드시 퇴로가 있어야 한다는 걸.

비슷한 이야기를 내 소설 『중생重生』(국내 미출간)에 담았다. 실화가 바탕인 소설로. 그중 한 에피소드를 소개하려고 한다.

신둥팡에 있을 때 처음 만난 학생이 베이징대학 입시에 여덟 번이나 떨어졌다고 고백했다. 여자 친구와는 얼마 전에 헤어졌고, 부모님도 곧 자신과 연을 끊을 것 같다고 했다. 나를 만났을 때 그는 아홉 번째 입시를 준비하는 중이었다. 만일 이번에도 실패한다면 그냥 조용히 삶을 마감하겠다고 해서 얼마나 놀랐는지 모른다. 당시 겨우 20대였던 나는 왜 그가 그토록 대학에 집착하는지, 제대로 이해하지 못했다. 그런데 수업을 하면서 그가 기출문제를 거의 다 외다시피 하는 걸 발견했다.

그도 그럴 것이 8년 동안 한 우물만 판 사람이었다. 입시 강사들만큼이나 대학 입시 기출문제에 빠삭했다. 하지만 8년 동안 단 하나의 학교에만 도전한 탓에 악순환에 빠진 것이었다. 나는 그의 능력에 아무런 문제가 없다는 걸 확신했다. 다만 그해 입시생 수나 커트라인, 학과별 정원이나 면접 난이도 등 합격으로 가는 길에는 통제 불가능한 요소가 너무 많았다.

시험 전에 그에게 밥을 사주며 물었다. "선생님과 학생의 신분이 아니라 그냥 친구로서 물어보는 건데요. 만약에, 만약에 말이에요. 이번에도 떨어지면 어떻게 할 거예요?" 그는 나를 한참이나 쳐다보며 아무 말도 하지 않았다. 그 침묵이 어찌나 무겁고 차가웠던지 주변의 공기마저 얼어붙은 것 같은 느낌이었다. 마침내 그가 입을 열었다. "그런 재수 없는 얘기는 안 하면 안 될까요?" 나는 진지하게 그에게 제안했다. "마침 좋은 자리가 있어서 그래요. 신둥팡에 입시 영어 강사 자리가 났어요. 시급은 4만 원이고요. 당신만큼 기출문제를 잘 아는 사람은 없을 것 같아서 그래요. 혹시 강사로 일해볼 생각 없어요?" 나의 말에 그는 고민해 보겠다고 말한 뒤 집으로 돌아갔다. 며칠 뒤 그가 한번 해보겠다며 연락을 줬다.

그가 처음 강단에 서던 날, 나는 교실에 들어가 수업을 들었다.

훌륭한 강의였다. 기출문제를 완벽하게 마스터했기 때문에 나올 수 있는 아웃풋이었다. 그는 그렇게 난생처음으로 강의료를 받았다. 그는 몇 번이고 내게 고맙다는 인사를 건넸다. 그래도 수능시험은 보겠다고 했다. 과연 예상대로 그는 떨어졌다. 하지만 극단적인 선택은 하지 않았다.

그는 신둥팡에서 영어 기출문제를 강의하는 강사가 되었다. 지금도 현직에서 열심히 일하고 있다. 가장 감동적인 건 강사 일을 시작하고 5년 뒤 상사의 지시로 베이징대학교에서 강연을 한 일이다. 그는 베이징대학 정문을 들어서며 눈물을 참지 못했다고 한다. "내가 8년간 꿈꿨던 학교였어요. 하지만 점점 그 꿈이 희미해졌죠. 오늘 이런 방법으로 이 캠퍼스 잔디를 밟게 되리라고는 정말 꿈에도 생각 못 했어요."

강연에 들어가기 전, 그와 20분 정도 통화를 했다. 그는 울먹이며 이렇게 말했다. "형 덕분이에요. 형이 퇴로를 만들어 줬어요." 나는 그렇게 생각하지 않았다. "내가 아니라 너지. 네가 스스로 퇴로를 만든 거야." 나는 이 이야기를 소설로 엮어서 책으로 출간했고, 특별히 그에게 고마운 마음에 책이 나오자마자 선물했다.

인생에 퇴로를 만들어 두는 것은 세이브 원고를 비축하는 것과 같다. 최악의 시나리오를 항상 생각하고 미리 예방하는 것이 좋다.

주식을 해볼 수도 있고, 다른 금융 상품에 투자해 볼 수도 있지만, 반드시 생활비는 마련해 두어야 한다고 청년들에게 입이 닳도록 얘기하는 이유다. 젊은 시절에는 인생을 즐기며 살 수 있다. 게임도

하고 술을 마셔도 된다. 그런데 반드시 이것 하나만은 알고 있어야 한다. 어느 날 갑자기 생활비를 보조해 주시던 부모님이 돌아가시면 당신은 어떤 방식으로 생활할 것인가? 이처럼 내 인생 최악의 시나리오를 생각해 두고 거기에 어떻게 대응할 것인지 고민해 보아야 한다.

인터넷에 돌아다니는 글을 보면 하나같이 청년들에게 퇴로를 차단하라고 충고한다. 퇴로가 없는 사람만이 놀랄 만한 잠재력과 아이디어를 선보인다는 이유다. 하지만 그렇게 충고하는 사람들은 처음부터 길을 잘 설정해 굳이 후퇴가 필요 없었을 것이다. 진짜로 그 말을 믿고 퇴로를 만들지 않으면 정말 인생의 막다른 길에 도달할지 모른다.

내가 이런 얘기를 하면 언제나 반박하는 사람들이 있다. "그럼 항우項羽[1]는요? 항우가 진나라를 치기 위해 쥐루鉅鹿에서 싸움을 일으켰을 때 밥 지을 솥을 깨뜨리고, 타고 갈 배까지 모두 가라앉혔잖아요? 그래서 '파부침주破釜沉舟[2]'라는 성어도 있는 거 아닙니까? 그렇게 모든 퇴로를 차단한 덕분에 대승을 거두었잖아요. 플랜 B가 없었다고요."

그렇지만 항우의 일생을 자세히 들여다보면 결국 그 '파부침주'

---

1   중국 진나라 말기 초나라의 군주로, 초한 전쟁에서 '서초 패왕'으로 불리며 유방과 중국 천하를 두고 경쟁했으나 패배하여 자결한 인물.

2   '솥을 깨뜨리고 배를 가라앉힌다'라는 사자성어로, 죽을 각오로 싸우겠다는 결연한 의지를 비유한 말.

의 사고방식 때문에 그는 자멸했다. 쥐루 전투에서 승리를 거둔 항우는 전쟁에서 계속 퇴로를 차단하는 전략을 취했으나, 결국 오강烏江에서 목을 베어 자살했다. 항우의 특성을 간파한 유방劉邦이 항우를 오강으로 몰아넣는 용병술을 택해 결국 '패왕별희霸王別姬[3]'의 역사를 만들어 냈다.

✛ 퇴로를 만들되, 퇴로가 없는 사람처럼 ✛

장담하는데 퇴로를 차단하는 방식은 이제 통하지 않는다. 나를 예로 들면 최근 몇 년 동안 업계를 넘나들며 조금씩 성과를 이뤄냈다. 그동안 사람들에게 말하지 않았던 비밀 하나를 여기서 털어놓으려고 한다. 요 몇 년 동안 내가 그렇게 과감한 행보를 보일 수 있었던 이유는 내게 퇴로가 마련되어 있었기 때문이다. 나는 스물네 살에 첫 번째 베스트셀러를 냈고, 이어서 연속으로 출간한 두 권의 책도 꽤 인기를 얻었다. 책 판매 수익은 하나도 건드리지 않고 그대로 저축해서 만일의 사태를 대비했다.

그렇게 퇴로를 마련해 둔 덕분에 나는 하고 싶은 일을 마음껏 하면서 목표를 향해 달릴 수 있었다. 하지만 퇴로만 쳐다보지 않았다. 오히려 나는 퇴로를 외면하며 '퇴로가 없는 사람처럼 살아보자'라고 생각했다.

---

3 초나라의 패왕 항우가 우미인(虞美人)과 이별했음을 나타내는 말로, 영웅 말로(末路)의 비장함을 이르거나 어떤 일을 독단적으로 결정하여 끝내 실패했음을 이르는 말.

내가 생각하는 가장 멋진 삶의 모습은 "Think for the best, prepare for the worst"이다. 언제나 최고를 생각하되 최악의 상황도 대비하는 것.

일할 때는 퇴로가 없는 사람처럼 열심히 했지만, 실제로는 이미 퇴로를 다 다져놓은 상태였다. 그래서 퇴로가 없는 사람일수록 이 방면의 준비가 필요하다. 퇴로를 준비할 때는 다음의 네 가지 자원을 잘 활용하기 바란다.

첫째, 귀인을 만들어라

'귀인'이란 다시 말해 당신을 도와주는 사람이다. 밥을 사든 술을 마시든 한두 명의 귀인은 꼭 만들어야 한다. 귀인이라고 해서 꼭 성공한 사람일 필요는 없다. 다만 당신의 성장을 도와주는 사람이면 된다. 심지어 당신이 인생의 밑바닥을 치고 있을 때 함께하는 친구일 수도 있다. 인생의 바닥에서 몸부림칠 때 속 깊은 대화를 나눌 수 있는 그런 친구 말이다. 당신에게 귀인은 누구인가? 이 자원을 잘 관리할 줄 아는 사람이 되길 바란다.

둘째, 정보 출처를 확보하라

특정 사이트가 될 수도 있고, 지식 애플리케이션이 될 수도 있다. 발이 넓은 친구일 수도 있다. 아버지가 방광암 판정을 받았을 때 베이징에 모시고 가서 치료를 받아야겠다는 생각은 하지 못했다. 절차가 너무 복잡하고 병원은 늘 인산인해를 이루어 도저히 진료를 받을 수조차 없었기 때문이다. 좋은 방법이 떠오르지 않아 힘들어하던 중에 불현듯 배우 친구 두 명이 생각났다. 염치 불고하고 그들에게 도움을 구했더니 의사를 소개해 주었다. 내게는 그들이 일종의 '히든카드'였다. 지금도 그들에게 진심으로 고마운 마음이다.

셋째, 저금하라

특히 청년들에게 자주 하는 말이다. 첫 월급을 함부로 쓰지 마라. 내일이 없는 사람처럼 흥청망청 돈을 쓰지 않도록 하라. 반드시 통장에 돈이 있어야 한다. 급한 일이 생겼을 때 언제든 꺼내 쓸 수 있는 여유 자금을 만들도록 하라. 창업을 결심하거나 인생의 방향을 전환하고 싶은 시기가 왔을 때 마련해 둔 자금이 없으면 아무것도 시도하지 못한다.

저축도 중요하지만 조금 더 다양한 채널을 통해 돈을 벌 수 있어야 한다. 보통 세 가지의 수입원이 있으면 현대 사회에서 안정적인 생활을 유지할 수 있는 것 같다. 직장에서 벌어들이는 주 수입원에 취미로 버는 수입, 그리고 부업으로 버는 수입 정도가 있으면 돈 때문에 전전긍긍하는 일을 줄일 수 있다.

넷째, 퇴로를 차단한 인물들의 최후를 기억하라

나는 책 읽는 걸 좋아한다. 특히 고전에 관심이 많다. 『삼국지연의三國志演義』는 수십 번을 읽어도 매번 새롭고 재밌다. 책에는 성격과 기질이 완전히 다른 두 인물이 등장한다. 관우關羽와 여포呂布다. 여포는 퇴로를 허용하지 않는 사람이다. 일단 결정을 내리면 앞뒤 가리지 않는다. 의붓아버지였던 정원丁原, 동탁董卓도 그의 손에 가차 없이 죽었다. 그러니 여포의 결말은 보지 않아도 뻔했다. 여포는 쓸쓸히

죽음을 맞이했는데 그의 퇴장은 어쩌면 당연한 결과였다.

그와는 정반대의 사람이 있었으니 바로 관우였다. 그는 여기저기에 기회가 있을 때마다 퇴로를 마련하는 사람이었다. 조조曹操에게 포로로 잡혔을 때도 "나는 퇴로가 있는 사람입니다, 가서 유비劉備를 만나게 해주십시오"라고 제안할 정도였다. 여포와 비교하면 관우는 그래도 유종의 미를 거둔 편이다. 사람들이 찾아가 애도하고 기도하는 대상도 관우지 여포가 아니기 때문이다.

당신에게 퇴로를 허락하지 않는 사람들을 조심해야 한다. 이런 사람이 상사라면 당신이 퇴근 후에 부업을 하는 것조차 허락하지 않을 수 있다. 같이 일할 때는 쉬는 시간마저 통제하려 들지 모른다. 이런 사람들은 멀리하는 게 좋다.

쓸모없는
인맥을 포기해야 하는
이유

쏘트폼 플랫폼에 영상을 올리는 일도 꽤 오랜 시간 이어왔다. 처음에 그 일을 하기로 결정했을 때는 무엇보다 마음의 준비가 필요했다. 작가로서 텍스트에 기대어 살아왔던 생이 길었기 때문이리라. 내가 쓴 글은 이미 사람들에게 어느 정도 영향력을 발휘하고 있었다.

그런데 문제가 하나 있었다. 과거 텍스트 시대에는 그런 작가의 삶을 '성공한 삶'이라고 평가했다. 그런데 새로운 영상의 시대가 오자 맥을 추리지 못했다. 그래서 나는 오랫동안 영상 촬영과 편집을 공부했다. 사실 처음에는 결과가 참담했다. 결국 혼자 할 수 없어 베이징에서 전문 영상 기획자, 편집자, 콘텐츠 제작자로 이뤄진 팀을 꾸렸다. 새로운 것을 배우는 데는 적지 않은 투자가 필요하다.

내가 이 일을 시작하기 전에 얼마나 많이 실패했는지 사람들은 잘 모른다. 콘텐츠는 쉬지 않고 올렸지만, 조회 수는 오르지 않았고, 구독자도 늘지 않았다. 거의 재앙에 가까운 숫자였다.

그런데 캐나다에 간 뒤 모든 게 바뀌었다. 그곳에 도착한 지 단 두 달 만에 틱톡 구독자가 50만까지 폭증했다. 이어서 라이브 방송까지 같이하면서 60일 만에 60개에 가까운 계정을 개설하게 되었고, 구독자를 모두 합치면 2천만 명 정도로 성장했다. 채널이 한순간에 폭발적으로 성장한 것이다. 비결이 뭐냐고 묻는다면 하나다. 불필요한 인맥을 정리했다.

그렇다. 일단 점점 많은 사람이 나를 알게 되면 어쩔 수 없이 엄청난 양의 행사와 모임에 초대받는다. 그런데 거기에 참석할수록 콘텐츠에는 신경 쓸 겨를이 없다. **불필요한 인맥을 차단해야만 내실을 채우고 외부에서 오는 영향을 줄일 수 있다.**

앞으로 지식의 가치는 점점 줄어들고, 사고의 가치는 점점 올라갈 것이다. 앞에서 언급했던 것처럼 이미지 AI 미드저니는 하루에 약 1만 장의 사진을 생성할 수 있다. 우리는 그 가운데 좋은 사진이 무엇인지 판별할 수 있어야 한다. 챗GPT는 하루에 1억 개의 스토리를 만들어 낼 수 있다. 우리는 좋은 스토리는 무엇이며 그걸 자신과 어떻게 연계할지 고민해야 한다.

사실 작가로 산다는 건 때로 고독하고 외롭다. 가끔 해변을 거닐면서 온종일 머릿속을 맴도는 그 문장을 어떻게 써야 할지, 어떻게 다듬는 게 좋을지 생각하고는 한다. 깊은 밤, 잠들지 못하고 그 에피소드를 어디에 넣으면 좋을지 고민한다.

　시간이 지나면서 나는 유명한 작가들이 왜 깊은 밤에 작업하는지 알게 됐다. 낮에 작업하는 작가들이 인적이 드문 산이나 한적한 마을을 찾아 글을 쓰는 이유도 알았다. 낮에 들리는 갖은 백색 소음들이 머릿속으로 들어와 사고를 방해하기 때문이었다. 이는 그들이 사람을 만나지 않는 이유이기도 했다.

　캐나다에 온 후로 내가 어디에 사는지 아는 사람은 없었다. 그저 내가 중국에서 왔다는 정도만 대충 알 뿐이었다. 그래서 나를 찾는 사람이 줄었고, 일단 사람들이 찾아오지 않으니 마음도 고요해졌다.

　내 영상을 본 적 있는 사람이라면 화려한 문장이나 영상미도 없고, 그렇다고 난잡한 수식이나 편집도 없다는 걸 안다. 그냥 혼자 컴퓨터 옆에 앉아 이야기하면서 촬영하는 게 전부다. 그런데 콘텐츠는 점점 좋아지고 있다.

　아직 능력이 부족하다면 사교 모임은 시간 낭비와도 같다. 의미 없는 모임에 열심히 얼굴도장 찍느라 시간 낭비하지 말자. 차라리 그 시간에 평온한 마음으로 내공을 다지고 실력을 키우는 데 집중하라. 그리고 때가 되면 사람들 앞에 '짜잔!' 하고 혜성같이 등장하도록 하자. 실력으로 놀라게 하는 게 관건이다.

　과감히 이야기하겠다. 대부분의 사교 모임을 포기하길 바란다. 심지어 80~90%의 사교 모임은 쓸모없다. 그런 모임은 당신을 더 귀찮고 힘들게 할 뿐이다.

　어쩔 수 없이 동료 모임에 나가야 한다면, 할 수 없이 오랜 시간 사람을 만나야 한다면 매주 혹은 매월 고정적으로 '인맥 디톡스'의 날을 정해 지키길 바란다. 그 시간에 당신은 자신을 돌아보고 일기를 쓰고 생각하고 명상하고 운동해야 한다. 이것은 에너지를 비축하는 아주 좋은 방식이다.

✛ 영양가 있는 인맥에 시간을 투자하라 ✛

당신과 아무 상관없는 세상사에 그토록 많은 관심을 기울일 필요 없다. 당신 자신에게 집중하라. 연예인들의 개인사, 국제 정세, 옆집 여자의 일에는 그렇게 관심이 많으면서 왜 당신 자신은 돌보지 않는가. 그러니 일이 잘 풀리지 않을수록 '어떻게 하면 그 상태에서 벗어날 수 있는지' 생각해 봐야 한다. 마치 당신이 좌지우지하기라도 하는 듯 국제 정세에 관해 침을 튀겨가며 열변을 토할 필요 없다.

누군가 고민을 털어놓은 적이 있다. 중노년층은 식사 자리에서 항상 관심 없는 국내외 정세만 얘기하다가 급발진하는 바람에 난처하다고. 나는 그럴 땐 그냥 그들이 얘기하게 두면 된다고 말한다. 거들 필요도 없다. 테이블 위에 올라온 음식을 빨리 먹어 치우고 식사를 끝내면 그만이다. 일단 입을 열면 먹는 것조차 잊어버리고 열변을 토하는 게 그들이다. 하지만 사실 그들이 얘기하는 그 사건 사고는 그들과는 아무 관계가 없다. 미사일은 그들 머리 위에 떨어지지 않았다. 그런데도 매일 전쟁통에 살아가는 사람처럼 얘기하는 게 신기할 따름이다. 나도 그게 무슨 심리인지 잘 모르겠다.

당신이 돈 많고 성공한 사람이라면 더더욱 모임을 걸러내야 한다. 이미 경험해 본 사람으로 말하는데, 걸핏하면 당신을 찾아와 밥을 사고 술을 사는 대부분은 당신을 소모하는 사람이다. 당신 곁에서 행운을 조금씩 주워 먹다가 나중에는 그 행운을 훔쳐 달아날 사람들이다. 당신의 행운을 호시탐탐 노리는 사람들은 매일 당신 곁에서 간섭하고 일상을 흔들어 댄다. 그러는 만큼 당신의 행운은 점점 줄어든다. 그러니 돈은 숨길수록 좋다. 당신의 재산이 얼마인지 굳이 남들에게 말할 필요 없다. 당신이 얼마나 대단한 사람인지 굳이 자랑하지 않아도 된다.

사람의 에너지는 개인의 수련과 훈련의 정도에 따라 다르게 나타난다. 모임을 줄이고 쓸모없는 관계는 차단하라. 아무도 만나지 않는 시간, 아무 데도 가지 않는 기간에는 조용히, 묵묵히 해야 할 일에만 집중하라. 사람들 앞에 당신의 능력을 드러낼 시간이 반드시 올 것이다.

나는 앞이 보이지 않아 막막할 때는 밖으로 나가서 가볍게 친구들을 만나보고 기분을 환기해 보라고 권했었다. 이때 중요한 원칙 하나가 있다. **바로 '30분의 법칙'이다. 사람을 만나 딱 30분만 얘기하되 아무 얘기나 지껄이지 말자.** 같이 차를 마시고 밥도 먹고 술도 마시는데 사실 아무 소득도 없는, 가십거리만 잔뜩 얘기하다가 돌아오는 만남이 있다. 그야말로 시간 낭비다. 나는 일단 모르는 사람을 만나면 먼저 상대에게 5~10분 정도 시간을 준다. 만일 그 시간 안에 내 주의력을 집중시키면 대화를 30분까지 이어간다.

마지막으로 모임 대신 전화를 활용해 보자. 휴대전화는 현대 사회의 가장 위대한 발명이다. 휴대전화 덕분에 매번 직접 사람을 만나 대화할 필요가 줄었다. 나는 길을 걸으며 통화하는 걸 제일 좋아한다. 회의도, 일 처리도 휴대전화를 이용해 이동하는 틈틈이 진행한다. 운동도 되고 시간도 낭비하지 않으니 그야말로 누이 좋고 매부 좋은 일 아니겠는가.

나의 상사는
오직 나 자신이다

　우리가 사는 세상에는 다양한 고통이 존재한다. 그중 가장 큰 고통은 관계에서 비롯한 고통이다. 이 고통을 해결하는 가장 효과적인 두 마디가 있다. "너랑 무슨 상관인데?" 그리고 "나랑 무슨 상관인데?"

　한동안 관계에서 나 자신을 찾지 못해 방황하던 때가 있었다. 그러다가 철학자 장 폴 사르트르Jean-Paul Sartre의 명언을 보고 고민과 번뇌가 말끔히 씻겨나갔다.

　"타인은 지옥이다."

사람은 타인과 함께하면 지옥에 떨어진 것 같은 고통을 받는다.

그렇다면 이러한 인간관계에서 어떻게 나 자신으로 살아갈 수 있는지, '자기 일관성[4]'을 지키는 방법은 무엇인지 함께 생각하는 시간을 가져보려고 한다.

자기 일관성은 두 종류로 나뉜다. 하나는 다른 사람에게 피해를 주지 않으면서 내가 편안해지는 방법이고, 나머지 하나는 나에게 피해를 주지 않으면서 나를 편안하게 하는 방법이다. 직장에서 내가 좋아하지 않는 일을 맡게 되어 괴로운 상태인데 거기에 상사와 동료들까지 나를 도와주지 않고 모른 척하면 한층 더 힘들어진다. 이처럼 직장 안에서의 관계가 어그러지면 하루하루가 그만큼 고통스럽다.

직장에서 다년간 '굴러먹었던 어른'으로 이번 장에서는 직장에서 싫은 상사와 잘 지내는 법에 관해 얘기를 나눠보려고 한다. 사실 청년들에게 정말 많이 받는 질문 중 하나가 이거다. "직속 상사가 저를 싫어해요. 저도 그 사람이 싫고요. 어떡하면 좋을까요?"

먼저 '상사'를 얘기하려면 어쩔 수 없이 개인적으로 정말 싫어하는 용어인 '정치학'을 언급해야 한다. '정치'라는 것은 결국 사람과 사람 사이의 관계를 일컫는다. 직장에서 관계가 그리 중요한 것 같지 않아 보여도 일단 회사의 규모가 커지면 '정치'는 자연스럽게 따라올 수밖에 없고, 그리고 거기에 자연스럽게 각종 복잡한 문제가 따라붙기 마련이다. 직장에서 주의할 점을 함께 알아보자.

---

4 외적 행동과 내적 성격 특성이 안정적으로 균형 잡혀 여러 요소가 일치하는 상태.

첫째, '탈감각 훈련'에 적응하라

예전에 텔레마케터 일을 한 적이 있었다. 낯을 많이 가리는 편으로, 누군가에게 물건 파는 일에는 영 재주가 없었다. 그런데 재밌는 건 전화를 열 번 정도 걸어서 여덟 번 정도 거절을 당하고 나니 더는 긴장하지 않는 내가 보였다. 심지어 전화 업무를 할 때는 평소의 내가 아닌 다른 자아가 튀어나왔다. 이것이 바로 '탈감각'이다. 그 부분에 더는 '알레르기 반응'을 일으키지 않는 것. 더는 신경 쓰이지 않고, 더는 두렵지 않은 반응이다.

일상에서도 '탈감각 훈련'이 필요하다. 특히 일할 때는 감정적으로 조금 둔감해질 필요가 있다. 와타나베 준이치渡辺淳一의 『나는 둔감하게 살기로 했다』(다산초당, 2022)는 중국에서 대히트를 쳤다. 중국에서는 『둔감력钝感力』이라는 제목으로 출간되었다. 소위 '둔감력'이란 다른 사람의 말에 크게 신경 쓰지 않는 능력이다. 우리는 타인의 말에 지나치게 신경 쓴다. 상사가 한 말, 동료가 아무 생각 없이 한 말을 온종일 곱씹다가 세상이 모두 자신을 비난하고 공격한다고 생각한다. '둔감력'은 '오늘은 오늘이고 내일은 내일'이라는 마음가짐으로 살아가는 자세이다. 나는 이걸 '탈감각'이라고 부른다. 상사가 하는 말에는 예민하게 반응하지 않는 '탈감각 훈련'이 필요하다.

둘째, '받아치는' 연습을 하라

직장은 하나의 작은 사회다. 직장생활을 오래 하면서 가장 크게 깨달은 건 '착한 사람은 무시당하기 십상'이라는 사실이다. 사람은 이상하다. 자기에게 잘해주는 착한 사람에겐 똑같이 착하게 대해야 하는데 심술을 부린다. 발을 밟고, 어깨를 치고 지나간다.

심리학에 유명한 '깨진 유리창 이론'이 있다. 사소한 무질서나 범죄를 방치하면 더 큰 문제로 이어진다는 이론이다. 소설 『가시刺』(국내 미출간)를 집필할 때 학교 폭력에 관해 심도 있게 취재한 결과, 일단 사회적 지지와 관심이 사라지면 학교 폭력 피해자가 되기 쉽다는 사실을 발견했다. 게다가 모든 사람이 가벼운 마음으로 그 폭력에 가담할 수도 있는데, 그 이유는 사회적으로 치러야 할 대가나 손해가 없기 때문이다. 가정 폭력에 시달리는 아이들이 학교 폭력에 쉽게 노출되는 이유다.

직장에도 같은 원리가 존재한다. 상사에게 '경고'를 보내고 싶다면 가장 좋은 방법은 그에게 당신이 '쉽지 않은' 상대라는 걸 보여주는 것이다. 그렇지 않으면 계속 당신을 무시하고 괴롭히고 괄시한다. 예전에 2000년생 친구와 이야기를 나눈 적이 있다. 그의 말에 따르면 상사가 MZ 세대에게는 쉽게 화를 내지 않는데 이유인즉슨, 인터넷에 MZ 세대가 찍은 '직장 내 괴롭힘' 영상이 하도 많이 돌아다니기 때문이라고 했다. 그 영상을 본 상사가 혹시나 자신도 비슷한 후폭풍을 감내해야 할지도 모른다는 생각에 특별히 신중하게 행동한다고 했다.

셋째, 흔적을 남겨라
만일 상사와 마찰이 잦다면 괴롭힘은 이미 시작되었을 것이다. 그럴 땐 업무상 '흔적'을 남기는 것이 좋다. 대면 보고나 대화를 줄여 최대한 음성을 섞는 일이 없도록 하라. 대신 메일이나 메신저로 소통해 텍스트로 흔적을 남기는 것이 좋다. 회사에 일이 터지면 상사는 쉽게 폭발한다. 그럴 때 직장에서는 말단 직원들이 흔히 '피해자'가 된다. 상사 입장에서는 그들이 '가성비'가 좋기 때문이다. 혹시나 문제가 생겨 회사를 그만둔다고 해도 큰 타격이 없다. 그래서 똑똑한 사람은 '흔적'을 남길 줄 안다. 특히 상사가 지시한 업무의 경우 확실한 증거와 흔적을 남길 필요가 있다. 그것이 당신이 마음대로 내린 결정이 아니라 상사의 지시였다는 걸 충분히 증명해야 한다.

넷째, 적극적으로 보고하라

상사와 잘 맞지 않는 경우, 업무적으로 당신을 곤란하게 할 수도 있다. 그럴 땐 적극적으로 보고하는 것이 좋다. "지시하신 업무 모두 처리했습니다. 살펴보시고 부족한 점 있으면 말씀해 주십시오." 적극적이고 능동적인 태도로 일하는 직원을 무턱대고 비난할 상사는 없다.

상사가 당신에게 생각이나 의견을 물을 때는 당신이 그저 조직에서 하나의 '도구'로 사용되고 있다는 사실을 기억하라. "팀장님 생각은 어떠신가요? 팀장님 의견을 듣고 싶습니다." 지나치게 상사의 의견과 생각을 물어보면 상사는 '대체 지금 누가 네 상사냐?'라는 생각으로 반감을 갖는다. 상사의 의견을 물어 함께 맞춰가야 하지만, 적정선을 지켜야 함을 기억하자.

다섯째, 막말에 휘둘리지 마라

직원들을 다그칠 때 "바보 같아서는!" "능력이 그거밖에 안 되냐!"와 같은 말을 쏟아내면서 정작 해결 방법은 제시하지 않는 상사들이 있다. 그럴 땐 어떻게 대응해야 할까? 간단하다. '바보'인 척하면 된다. 상사가 당신에게 "멍청하다" "바보냐?"와 같은 말을 하면 최대한 순진한 얼굴로 반문하라. "죄송합니다. 제가 어디가 부족할까요?" "제가 뭘 개선하면 될까요?" 그가 구체적으로 대답할 수 있도록 유도해 무식한 인신공격을 오직 업무에 대한 협의로 바꿔보자.

비굴해질 필요 없다. 고결하게 행동하라. 막말을 던질 땐 다시 첫 번째 방법, '탈감각 훈련'이 필요하다. 상사가 당신에게 "멍청하다"라고 말하는 건 진짜 당신이 무식하다는 말이 아니다. 그저 자신의 감정을 다소 미성숙한 방법으로 발설하는 것뿐이다. 그러니 거기에 진짜로 발끈하거나 화낼 필요 없다. 그러면 오히려 당신만 더 불편해진다.

이제 막 직장생활을 시작한 친구 중에 상사가 말한 '바보'라는 말에 꽂혀 그걸 내내 마음에 품는 이들이 있다. 심지어 자신이 진짜 바보인지 아닌지 시험하기 위해 각종 테스트를 해보기까지 한다. 정말 그럴 필요 없다! 당신은 그냥 회사에 일하러 온 것뿐이다. 상사가 인신공격과 비슷한 말을 던지면 '문제의 핵심'을 다시 상사에게 돌려주도록 하라. "어떤 부분을 고치면 될까요?" 이는 공격이 아니라 똑똑한 자기 보호다.

여섯째, 나귀를 타고 걸으며 말을 찾아보자

일단 상사와 마찰이 일어났다면, 심지어 그가 당신에 대한 불만을 아주 노골적으로 드러낸다면 부서 이동이나 이직은 시간문제다. 그가 아직 당신을 '건드리지' 않는 이유는 아마 시기가 적절하지 않거나 회사의 다른 업무팀 혹은 인사팀에 연락하는 게 불편하기 때문이다. 그러나 시기가 되면 아마 액션을 취할 것이다.

그러니 당신도 나귀를 타고 걸으면서 말을 찾아보자. 기회는 얼마든지 있다. 동시에 상사에게 '나를 잃으면 당신의 업무에도 영향이 있다'라는 사실을 일깨워 줘야 한다. 당신만 한 대체인력을 구하는 게 쉽지 않을 거라는 인상을 계속 주면 그의 태도도 조금 달라질 것이다.

이상 여섯 가지를 정리하면 핵심은 하나다. 직장에서는 '줄다리기'를 잘할 줄 알아야 한다. 그 안에서 균형을 잘 잡는 것이 나를 보호하는 방식이다.

마지막으로 이 말을 하고 싶다. **이번 생에 더는 당신을 괴롭히는 상사가 없기를, 당신이야말로 당신의 진정한 상사가 되기를 진심으로 기원한다.**

동료와는
친구가 되지 마라

나는 동료와의 관계에 관한 글을 많이 쓰는 편이다. 관계에 관해 얘기하고 있는 만큼 이번에는 '동료 에피소드'를 써야 할 것 같다.

나는 올해로 서른네 살이다. '전통적 의미'의 동료는 이제 주변에 많이 없다. 내 동료들은 대부분 '디지털 동료'다. 그도 그럴 것이 나는 밴쿠버에 살고 있고, 그들은 전국 각지에 흩어져 있기 때문이다. 또 굳이 만나지 않아도 얼마든지 같이 일할 수 있다. 지금은 일종의 새로운 교류 방식으로 사람들을 알아간다. '미션 완료'를 목표로 함께 일하고, 프로젝트가 끝난 뒤에는 자연스럽게 인사를 나누고 흩어지는 사이로, 일부러 관계를 경영하기 위해 애쓰지 않아도 된다.

그렇지만 나도 과거에는 오랫동안 다양한 사람을 만나면서 지지고 볶은 경험이 있다. 동료 관계에 대한 내 생각은 이렇다. **동료와는 술 한 잔 나눌 친분만 있으면 된다.** 취할 때까지 마신다는 게 아니다. 일단 취하면 말이 많아지고 그러면 실수하게 된다. 또한, 과하게 마시면 그때부터는 친구가 된다.

동료와는 친구가 되면 안 된다. 일단 친구가 돼버리면 뭐든 말하고 싶어진다. 그러면 상대가 당신에 대해 속속들이 알게 된다.

나는 직장 안에서는 '술 한 잔'의 우정을 배울 수 있어야 한다고 생각한다. 술이 정말 약하다면 무알코올로 마시면 되지 않는가. 직장에서도 어느 정도 감정은 필요하다. 감정 없는 직장은 너무 냉랭해서 업무 효율이 떨어진다.

이제 2000년대 출생자들이 입사하기 시작했다. Z세대의 '추구미'는 80년대생과는 다르고, 90년대생과도 또 다르다. 그들은 협업의 과정에서 '내가 즐거운지'를 가장 중요하게 생각한다. 내가 말하는 '술 한 잔'은 글자 그대로 술 마시는 것만 포함하지 않는다. 업무를 하면서 서로 소통하고 협력하며, 즐겁고 재미있는 일을 함께하는 과정까지 모두 포함한다.

동료와의 관계는 어떻게 유지하는 것이 좋을까? 이어서 소개하는 몇 가지 방법이 도움이 되길 바란다.

첫째, 뒷말을 좋아하는 사람과 가까이하지 마라

누군가와 친해지는 가장 좋은 방법은 '남 욕하기'라는 말이 있다. 친구란 '싫어하는 사람이 동일한 사람'이라는 말까지 있을 정도다. 하지만 나는 뒤에서 누군가를 평가하고 험담하는 일만큼은 하지 말라고 충고하고 싶다.

당신이 누군가에 관해 얘기하면 결국 그 이야기가 그 사람 귀에 들어가게 되어 있다. 특히 말하기 전에 "이 얘기 절대 다른 사람한 테 하면 안 돼!"라고 하면 무조건이다. 제롬 데이비드 셀린저Jerome David Salinger의『호밀밭의 파수꾼The Catcher in the Rye』에도 비슷한 내용이 나온다. 누군가에 대해 나쁜 말을 할 때 사람들은 "절대 다른 사람한테 말하지 마!"라고 하지만, 일단 그 말을 하면 전 세계가 다 알게 된다. 당신에게 누군가의 험담을 늘어놓는 사람은 다른 곳에서 당신을 헐뜯을 가능성이 아주 크다. 왜냐하면 그게 바로 그들의 생존 방식이기 때문이다. 그러니 그런 사람들을 최대한 멀리하고 거리를 두도록 하자. 그들 앞에서는 말을 조심하고 신중하게 행동하자.

처음 들어갔던 직장에서 얼굴 한두 번 정도 봤을 뿐인데 본인의 가정사를 시시콜콜 다 얘기하는 사람이 있었다. 이런 사람은 특히 조심해야 한다. 당신을 아직 잘 모르는 상태에서 뭐든 다 얘기하려고 하는 사람은 보통 거짓말을 잘한다. 아니면 뭔가 큰 비밀을 숨기려는 의도가 다분하다. 세상에 그렇게 쉽게 자기 속마음을 전부 드러내 보이는 사람은 없다.

둘째, 너무 다 얘기하지 마라

직장 동료뿐 아니라 세상 모든 사람과 소통할 때 지켜야 할 원칙이다. 마음속에 있는 말은 최대한 적게 하라. 솔직하게 모든 걸 다 말하는 게 능사가 아니다. 당신의 모든 아픔, 슬픔, 약점을 드러내면 상대와 진정한 친구가 될 수 있다고 생각하는가? 그렇지 않다. 안전히 반대다. 무의식중에 당신을 쉽게 보고 무시해도 좋은 사람이라고 생각한다. 아무리 친한 사람이라도 10~20%의 말은 입 밖으로 내지 않아야 한다. 부모나 자식도 마찬가지다. 너무 많은 걸 고스란히 다 얘기할 필요 없다. 사람들에게 뭐든지 다 말하면 오히려 가벼운 느낌을 준다. 말과 행동을 조심하라. 그러면 자연스럽게 존경과 존중을 받게 될 것이다.

셋째, 이익을 앞세우자

이 말을 기억하라. '이익 지상주의'. 만일 직장에서 당신에게 손해를 입히거나 당신의 이익에 반하는 일을 누군가 부탁한다면 아무리 그와 친한 사이라고 해도 거절해야 한다. 당신의 이익을 보호하는 게 먼저다. 당신이 직장에 온 이유는 돈을 벌기 위해서다. 손해 보면서까지 누군가에게 도움 줄 필요는 없다.

직장에서 '이익 지상주의'의 원칙을 망각하고 각종 잡다한 일로 에너지와 집중력을 빼앗기는 사람들이 있다. 그래서 '경계선'을 유지하는 게 중요하다. 일단 이익을 침해하는 일이 발생하면 사람들은 '주무르기' 좋은 사람을 찾아 나선다. 당직을 서야 한다거나 스케줄에 차질을 빚는 일이 생기면 무조건 그런 사람을 찾는다. 이럴 때 만일 당신이 쉽게 허락하면 앞으로도 끊임없이 부탁할 것이다. 기억하라. 당신의 이익이 먼저다.

넷째, 둔감해져라

동료가 한 말을 계속 곱씹으며 밤잠을 이루지 못하는 일이 없길 바란다. 앞장에서도 말했던 것처럼 상사 앞에서는 '탈감각' 훈련이 필요하며, 동료 사이에서도 둔감해질 필요가 있다. 특히 트집 잡기 좋아하고 남 말하기 좋아하는 사람들 앞에서는 더욱 그렇다. 기억하자. 그들은 딱히 당신을 겨냥해서 말한 것이 아니다. 그냥 인품이 그런 것뿐이다. 직장에서는 단호해야 한다. 그렇지 않으면 당신의 선량함이 악용될 수 있다.

어릴 때 있었던 일이다. 주머니에 250원 정도 있었다. 길을 걸어가는데 한 아주머니가 어린 아들을 품에 안고 구걸하고 있었다. 당시 나는 여덟 살이었던 걸로 기억한다. 주머니에 있던 동전을 꺼내어 그중 50원짜리를 그들 앞에 놓인 그릇에 살짝 넣어주었다. 그랬더니 아주머니가 당당하게 내게 물었다. "그 200원은 왜 안 주니?" 갑자기 화가 났다. 신경질적으로 200원을 주머니에 찔러넣고 씩씩대다가 다시 돌아가 그릇에 넣었던 50원도 마저 가져왔다.

선량함도 정도가 있어야 한다는 걸 나는 그날 깨달았던 것 같다. 무작정 다 퍼주는 선량함은 아무런 가치가 없다. 특히 직장에서는 반드시 마지노선이 있어야 한다. '이익 지상주의'를 기억하라. 다른 사람의 시선이나 말에 휘둘리지 말자.

다섯째, 비굴해지지 마라

감성 지수가 높은 사람이 될 수는 있지만, 그렇다고 굽신거리거나 아부 떨 필요는 없다. 사람들은 비굴하게 군다고 더 잘 대해주지 않는다. 타인의 존경은 비굴함이나 아부에서 오는 게 아니라 능력과 강인함에서 비롯한다.

여섯째, 동료와는 '모르는 사이'가 돼라

연예계 뉴스나 각종 가십에 관해 얘기할 수는 있어도 사적인 일에 관해서는 말을 아끼자. 대화가 너무 깊어지지 않게 하라. 그렇지 않으면 어느 날 갑자기 당신이 회사 전체의 가십거리가 될 수 있다.

이제 막 직장에 들어가 어쩔 수 없이 동료들 사이에서 어울리며 힘들어하고, 관계 때문에 어려움을 겪고 있는 당신에게 해줄 말이 있다.

"그래봤자 직장이다."

당장 생활비를 마련해야 해서 어쩔 수 없이 그 일을 계속해야 한다면, 최대한 당신의 이익을 지키면서 많이 공부하고 많이 배워 실력을 키우도록 하라.

직장이 인생의 전부가 아니다. 아직도 당신에겐 무수한 가능성이 있다. 자신만의 일을 찾아 전심으로 노력하길 바란다. 자신이 세운 그 목표를 향해 후회 없이 최선을 다하도록 하라. 돈은 의지가 강한 자에게만 주어진다. 꿈을 이루기 위해 노력하는 자, 세상을 바꾸기 위해 노력하는 자에게 반드시 달콤한 보상이 따른다는 걸 기억하라.

나 자신이 되는 것이
가장 앞서가는
비결이다

앞서서 우리는 신분과 지위에 관해 이야기를 나눠보았다. 이번에는 더 나아가 '아이덴티티identity'에 관한 이야기를 해보려고 한다.

'아이덴티티'란 신원, 정체성, 존재 의의 등을 뜻하는 영어 단어다. 하지만 '내면 깊은 곳의 진정한 자신에 대한 인식'이라는 의미로 더 많이 사용된다.

진정한 자신은 어떻게 인식할까? 단점, 부정적 정서, 부족함은 어떻게 수용할 수 있을까?

예전에 만났던 여자 친구 얘기를 해야겠다. 당시 나는 무척이나 술을 좋아했고 지금도 좋아한다. 그런데 그녀는 나의 술 마시는 모습을 특히 싫어했다. 당시 나는 술을 '거부할 수 없는 영혼의 안식

처'(청년들에게는 절대 추천하지 않는다) 정도까지 생각했다. 물론 나도 술이 좋지 않다는 건 알고 있었다. 하지만 술을 더 많이 마시겠다는 핑계로 러닝을 10km 더 뛴 적도 있었다.

이 습관 때문에 우리는 자주 다퉜다. 한번은 그녀가 말했다. "너 같은 술고래랑 미래를 함께하고 싶지 않아." 나는 발끈해서 대답했다.

"내가 게임을 하냐, 담배를 피우냐? 그렇다고 주사가 있는 것도 아니고. 그냥 술을 조금 좋아하는 거뿐이잖아. 그것도 이해 못 해 줘? 나처럼 술 마신 다음에 엉뚱한 짓 안 하고 조용히 집에 들어가서 자는 남자가 또 어디 있는 줄 알아? 그리고. 내가 술 마시면 너한테 사랑한다는 말을 얼마나 많이 하는데!"

"그래도 네가 술 마시는 게 싫어."

우리는 한참을 다퉜다. 나도 알고 있었다. 술만 끊으면 나는 그녀에게 완벽한 남자라는 걸. 하지만 받아들이기 힘들었다. 물론 금주를 안 해본 건 아니다. 그런데 금주를 하는 동안은 술을 좋아하는 나 자신을 미워하고 증오했다. 나는 그녀에게 더는 감동적인 말을 하지 않았고, 다정한 글도 쓰지 못했다. 결국 우리는 헤어졌다.

이별 후, 술을 끊어보려고 시도했다. 처음에는 굳은 마음으로 술을 봐도 못 본 척하고, 누가 술 먹자고 불러내면 거절했다. 수십 일이 지난 줄 알았는데 겨우 3일이 지나 있었다. 결국 참지 못하고 또 술을 마셨다. 지금도 술을 조금씩 마시면서 글을 쓰는 중이다.

그러면서 내가 누군지 알게 됐고, 나의 장단점을 모두 받아들이기로 했다. 그 과정에서 내 부족함을 인정해야만 했다. 그래야 진정한 내 모습을 볼 수 있었다. 사람들은 자신의 장점은 잘 수용하고 인정한다. 하지만 그러한 장점을 더욱 깊이 있는 영역에서 활용하려면, 자신의 부족한 부분까지도 제대로 봐야 한다.

정말 오랜 시간, 먼 길을 돌아와 진짜 내 모습을 있는 그대로 수용하게 되었다. 그 길이 쉽진 않았다. 여러분에게도 말하고 싶다. **그 부족함도 당신의 일부분이다. 다른 사람이 인정해 주지 않더라도, 심지어 가장 가까운 사람이 부정하더라도 자신의 모습을 수용해야 한다.** 온전한 나의 모습에는 밝은 면도 있고 어두운 면도 있다. 따라서 자신을 정말로 인정하려면 부족함도 수용해야 한다. 다른 사람의 시선은 신경 쓰지 마라. 그건 그 사람의 일이다.

운이 좋게도 나는 스물두 살에 첫 책을 출간했고, 스물네 살에는 300만 부 판매를 기록했다. 유명해진 뒤 좋지 않은 점은 인터넷에서 나를 욕하는 사람들의 댓글을 보게 된다는 것이다. 처음에는 상처를 많이 받고 그들이 말하는 내용이 잘못됐다고 생각했다. 하지만 시간이 지나자 더는 슬프지 않았다. 나를 칭찬하는 사람들이 하는 말도 사실이 아닌 게 많았다. 나에 대한 칭찬과 비난, 그건 그들의 상상 속에 존재하는 내 모습이었다.

나는 조금씩 깨달았다. 창작자와 표현하는 자는 반드시 대중의 오해를 받게 되어 있다는 사실을. 그리고 **타인이 인정하는 나에게서 내가 인정하는 나로, 그리고 내가 수용하는 나로 살면 된다는 걸 알게 됐다.** 그렇게 나의 자의식이 만들어지기 시작했다.

✚ 내가 누구인지 모르는 사람의 빵점짜리 아이덴티티 ✚

자기 삶의 주인이 되지 못한 이를, 우리는 진정한 인간이라 부를 수 있을까? 조금 이기적이어도 좋다. 그래야만 자신의 부족함과 감춰진 욕망을 발견할 수 있기 때문이다. 그렇게 자신의 불완전함을 인정하고 진짜로 원하는 걸 수용해야 한다.

인생은 짧다. 타인의 평가에서 벗어나 내가 진짜로 하고 싶은 일이 무엇인지 곰곰이 생각하길 바란다.

주위를 보면 자아를 억제하고 사는 사람이 많다. 보통 이는 어린 시절의 영향도 있지만 성인이 된 후의 자신과 더 많은 연관이 있다. 직장에서 자신의 요구 사항을 단 한 번도 제대로 말해 본 적 없는 사람, 심지어 연봉조차 협상해 보지 않은 사람이 어떻게 독립적인 인격체로 살 수 있을까? 자신이 진정으로 원하는 게 무엇인지 진지하게 고민해 본 적 있는가? 어쩌면 그걸 생각할 엄두조차 내지 못하고 살았던 건 아닐까?

잠시 책장을 덮어두고 당신이 진짜 원하는 걸 생각해 보기 바란다. 그런 다음 그것을 어떻게 얻어낼 것인지 고민해 보자. 쉽지 않을 것이다. 어쩌면 당신이 원하는 것이 줄곧 누군가에게는 비난과 무시의 대상이었을 수도 있다. 심지어 가장 가까운 가족도 인정하지 않았을지 모른다. 하지만 그게 진정한 당신이며, 당신이 진심으로 원하는 것이다.

지금은 인터넷에서 나와 관련해 "술을 마셔야 글을 쓸 수 있는 사람"이라고 달아둔 댓글에 큰 의미를 두지 않는다. 이 또한 내 삶의 일부분이니까. 물론 나는 다른 단점도 많이 가진 사람이다. 그런 점들도 시간이 지나면서 또 인정하고 수용하게 될 것이다. 단점도 '아이덴티티'의 일부분이니까.

본인이 뭘 좋아하는지, 뭘 싫어하는지 단 한 번도 말해 보지 않은 사람의 '아이덴티티'는 거의 제로에 가깝다. '나는 누구'인지가 점점 모호해진다. 대신 외부 세계와는 아무런 갈등이나 충돌 없이 살아갈 수 있다. 외부 세계가 만들어 낸 모습을 따라 그대로 살면 되니까. 자기가 좋아하는 걸 인정하지 못하고 싫어하는 걸 말하지 못한 채 살아가는 인생은 고통 그 자체이다.

'자아'라는 토양을 가지지 못한 사람이 어떻게 본인이 좋아하는 꽃을 피우고 나무로 자라길 기대할 수 있단 말인가?

정신과 상담을 받으면서 나는 이런 '아이덴티티'를 일찍 정립하면 할수록 좋다는 걸 알게 됐다. 일단 잘 정립하면 나머지 인생은 그 '아이덴티티'로 살아갈 수 있다. 자녀가 있다면 최대한 빨리 자기 자신이 누구인지 알 수 있게 도와주길 바란다.

"애들 유학은 언제쯤 보내는 게 가장 좋을까요?" 정말 많은 학부모에게 듣는 질문이다. 내 대답은 시종일관 동일하다.

"애들이 자기가 누구인지 알 수 있을 때, 본인의 조국이 어디인지 정확히 알 때 나가면 됩니다."

일론 머스크는 열일곱 살에 남아프리카를 떠나 캐나다로 향했다. 당시 첨단 기술에 대한 그의 흥미와 관심이 막 돋아나던 시기였다. 인공지능과 컴퓨터 비전 분야에서 세계적으로 저명한 컴퓨터 과학자 리페이페이李飛飛는 열여섯 살에 청두를 떠나 미국으로 건너가, 그곳에서 일하면서 조금씩 '아이덴티티'를 찾았다. 엔비디아 대표 젠슨 황黃仁勳은 아홉 살에 이미 자신이 누구인지 확실히 알았다고 한다.

당신이 누구인지 알아야 한다. 당신을 제대로 아는 건 오직 당신뿐이다. 자신을 천천히 수용하라. 그렇게 진정한 당신 자신이 되길 바란다.

단순하고
깔끔한 인맥을
추구하라

"맥시멀리스트 vs 미니멀리스트"

최근 몇 년 동안 사람들이 많이 하는 질문 중 하나다. 일과 삶, 관계에서 과연 '맥시멀리스트'로 사는 게 맞는지 아니면 '미니멀리스트'로 사는 게 맞는지. 사실 처음에는 어떻게 대답해야 할지 잘 몰랐다. 그러던 어느 날, 갑자기 스물네 살의 여름밤이 생각났다. 별이 수 놓인 까만 밤하늘을 올려다보고 있었다. 초록의 무성한 나뭇잎과 흩어지는 구름을 가만히 앉아서 보다가 얼마 전에 봤던 영상이 떠올랐다. "서른 전에는 무조건 맥시멀리스트로 살아야 합니다. 서른이 넘어가면 점점 미니멀리스트가 돼야 해요."

서른은 그저 숫자에 불과하다. 언제든 맥시멀리스트가 될 수 있고, 원한다면 언제든 미니멀리스트가 될 수도 있다.

원칙은 간단하다. 먼저 '더했다가' 나중에 '빼면' 된다. 그러나 맥시멀이 선행돼야 미니멀로의 전환이 가능하다.

인터넷에서 미니멀리스트, 미니멀 라이프를 격려하는 사람들이 간과하는 중요한 전제 하나가 있다. 미니멀은 '덜어낼 것'을 가진 사람이 행할 수 있는 삶의 형태라는 점이다.

서른 전에 나는 의도적으로 '맥시멀리스트'를 추구했다. 심지어 서른을 넘긴 후에도 삶의 다양성을 '더하는' 중이다. 전에는 하루에 저녁 모임을 세 탕이나 참석한 적도 있었다. 그런데 이런 삶의 방식에 점점 지치기 시작했다. 그래서 어느 날 깊은 밤, 하늘에 떠 있는 수많은 별을 보던 20대의 나를 떠올리다가 깨달았다.

'심플함이 복잡함을 이긴다.'

개인적으로는 '단샤리斷捨離[5]'라는 용어를 그리 좋아하지 않는다. 이미 사람들에게 널리 알려진 용어긴 하지만, 이 용어의 붐을 일으킨 야마시타 히데코山下秀子조차 "내가 원래 표현하고자 했던 단샤리

---

[5] '끊고, 버리고, 떠난다'라는 의미로 불필요한 물건이나 생각을 끊고 버리며, 집착에서 벗어나는 삶의 태도를 뜻한다. 요가 사상에서 기인한 용어로 2009년 야마시타 히데코가 『버리는 즐거움』이라는 책을 출간하며 대중적으로 널리 알려졌고, 일본에서 '정리 열풍'을 일으켰다.

는 물건을 버리는 것만을 의미하지 않는다"라고 했다. 나는 소설가 류전윈刘震云 선생의 해석에 조금 더 동의한다.

"단샤리는 단순히 물건을 치우고 버리는 것만 아니라 번뇌와 집착, 불필요한 물건 등에서 벗어나는 삶의 태도를 일컫는다."

이에 더해 나는 '단샤리'의 개념을 인맥과 연결 지어 여러분과 공유하고자 한다.

첫째, 냉정한 상황 판단 후 필요 없는 물건은 버려라

무턱대고 모두 버려서는 안 된다. 그 또한 일종의 낭비다. 어떻게 정리해야 할까?

- **일 년 동안 한 번도 사용하지 않은 물건:** 여기서 말하는 '일 년'은 구체적인 365일의 시간이 아니라 장기적으로 사용하지 않은 물건을 말한다. 정말 잘 가지고 놀 거라고 생각해 거금을 들여 게임기를 산 적 있다. 그런데 창업하면서 일이 늘어나 일 년 동안 한 번도 켜보지 못했다. 그래서 과감하게 중고 마켓에 내놓았다. 나중에 사업을 그만두고 여유 시간이 많아지니 게임기 생각이 났다. 그렇다고 후회했을까? 아니다. 새로운 버전이 나와서 그걸 구매해 버렸다.
- **필요 없는 물건 쟁여두지 않기:** 여기서 말하는 '필요 없는'이란 지금 당장 필요하지 않은 물건을 말한다. 잘 버리지 못하는 이

유 중의 하나는 '나중에 혹시 다시 쓸 일이 있지 않을까?' 하는 미련 때문이다. 지금 당장 필요하지 않은 물건은 앞으로도 필요하지 않을 가능성이 매우 크다.

• **불편한 물건 정리하기:** 내가 특히 좋아하는 카세트테이프가 있다. 사춘기 시절을 함께한 친구다. 그걸 버리지 못해서 나는 휴대용 워크맨이 전혀 필요하지 않은 시대에도 새로운 걸 하나 더 샀다. 하지만 나이가 들면서 그 가수의 음악이 더는 감동적이지 않았다. 심지어 그가 범죄 행위를 저질러 연예계에서 퇴출당했다. 더는 내게 '감정적 위로'가 되지 않아 과감히 그 테이프를 버렸다. 물론 그 노래가 생각날 때는 얼마든지 인터넷에서 검색해 들어볼 수 있다. 더는 내게 감동이 되지 않는 물건을 이고 지고 메고 살 필요가 없다.

• **어울리지 않는 물건 버리기:** 내게 도저히 어울리지 않는 물건은 내 것이 아니다. 과감하게 이별하라.

둘째, 버릴 관계는 청산하라

인간관계도 물건과 똑같다. 일 년 동안 연락이 없었다면, 지금 당장 도움이 되지 않는다면, 나를 자꾸 불편하게 하고 감동이 없고 어울리지 않는 것 같은 느낌이라면 용감하게 정리하라. 당신이 용기를 내지 않으면 도리어 짐이 되어 인생을 짓누를 것이다.

셋째, 인생을 '심플하게' 살아라

'심플함'은 한자로 '담백할 담淡'을 쓴다. 물을 의미하는 삼수변氵

에 두 개의 불 화火자가 이뤄진 글자로, 물과 불이 합쳐져야 비로소 '담백한' 것이 된다는 뜻을 지닌다. '물' 혹은 '불'만 있으면 삶은 깊은 심연이나 뜨거운 화마에 사로잡힌다. 물과 불이 서로 조화를 이룰 때 삶도 단순하게, 심플하게 변한다. 어떤 부분에서 특히 '심플함'이 필요할까?

- **말을 심플하게:** 하지 말아야 할 말은 입 밖으로 내지 말자. 병은 입으로 들어가고 화는 입으로 나오는 법이다. 동료, 상사가 한 말을 모두 진심으로 받아들이지 말고, 부모가 한 말은 적당히 한 귀로 듣고 한 귀로 흘리면 된다. 예상 밖의 일이 일어나더라도 당황하지 말고 침착하게, 심사숙고해서 말하고 행동하라.
- **식사를 심플하게:** 소식하자. 배가 터지도록 먹는 것보다는 위장의 70% 정도만 채우는 게 좋다. 적절한 간헐적 단식을 실천하고, 기름진 음식으로 위장에 부담을 주지 않게 하라.
- **관계를 심플하게:** 쓸모없는 모임이나 행사에 시간을 낭비하지 말고 품격 있는 관계를 유지하라. 꼭 많은 사람을 만날 필요 없다. 한두 명을 만나더라도 '영양가 있는' 사람을 만나자. 그래야 삶의 균형을 유지할 수 있다.

넷째, 물건을 정리하라

매주 최소 하루나 이틀 정도는 시간을 내서 물건을 정리했으면 한다. 가능하다면 매일 30분 정도 물건을 정리해 보자. 정리하면서 '당시에 내가 이 물건을 왜 샀는지' 생각해 보라. 정리하고 버림으로 과거의 일까지 정돈된다. 이 과정은 용서하지 못한 과거의 당신과 화해할 수 있게 도와준다.

　나는 매주 한두 시간 정도 물건을 버린다. 그리고 이 과정에서 물건에 깃든 사연을 떠올리곤 한다. 내 글을 읽고 칭찬과 감탄을 보내는 사람들이 많지만, 사실 나는 천부적인 '글쟁이'가 아니다. 끝없이 과거와 이별하고 또 이야기하면서 나를 조금 더 솔직하게 드러낼 뿐이다.

　위대한 작가들은 보통 삶이 투명하고 간결하다. 이야기를 쓰는 것이 과거와 이별하고 덜어내는 과정이기 때문이다. 이 과정이 인생을 더 심플하게 만들고 더 자유롭게 한다.

높은
'자격감'으로 누리는
고품격 인생

'자격감资格感, Sense of Worthiness'이란 자신이 어떤 자격이나 가치를 충분히 갖추고 있다고 느끼는 심리적 상태를 의미한다. 이는 자기 확신의 한 형태로, 자신의 실력이나 성취에 대해 스스로 인정하고 자신감을 갖는 태도와 연결된다.

나는 근검절약이 몸에 밴 사람이다. 어느 정도냐면, 제일 마음에 드는, 가장 좋은 물건은 일부러 사지 않는다. 다소 괴상해 보이는 절약 정신이다.

캐나다에 도착하고 이어폰 하나가 새로 필요했다. 제일 마음에 들었던 제품은 40만 원 정도였다. 하지만 이어폰은 '들리기만 하면 그만 아닌가?' 하는 생각에 여러 군데를 돌아다녀 보다 결국 30만 원짜리 인도산 이어폰을 구매했다.

그런데 집으로 돌아가는 길에 곰곰이 생각해 보니 내가 진짜로 마음에 들었던 그 제품과 이 제품의 다른 점이 무엇인지 궁금해졌다. 그래서 다시 가게로 돌아가 점원에게 두 이어폰의 차이를 물었다. 점원은 40만 원짜리는 노이즈 캔슬링 기능이 있고, 내가 산 제품은 없다고 설명해 주었다. 나는 가만히 듣고 있다가 '괴팍한' 나의 고정관념을 깨뜨리고 이어폰을 교환했다. 가게 문을 나서며 왜 그랬는지는 모르겠으나, 마치 내가 대단한 인물이 된 것 같은 느낌이 들었다. 온몸에 생기가 돌고 활력이 넘쳤다. 그날 저녁 나는 일기에 이렇게 썼다. "오늘부터는 내가 원하는 걸 억누르지 않을 거다."

우리는 아주 오랜 세월 원하는 것을 억압하며 살았다. 어릴 때부터 욕망과 필요를 통제하고 억제하는 게 성숙한 거라 배웠다. 그런데 캐나다에 와서 보니 이곳의 아이들은 자신이 원하는 것과 행복을 마음껏 표현하고 있었다. 어떤 장난감이 갖고 싶은지, 어떤 생활을 하고 싶은지, 심지어 몇 시에 자고 싶은지를 부모와 상의했다.

흥미로운 건 오랫동안 자신의 필요를 억압받고 산 우리는 어른이 되어서도 진짜 필요한 걸 말하는 게 어색하고 부끄럽다는 점이다. 나처럼 어느 정도 돈을 벌어 자기 몸 하나 건사할 수 있는 형편이 되었어도 물건 하나를 살 때는 이런 마음이 든다.

'내가 이 물건을 쓸 자격이 되나?'

✦ 무엇을 하든 당신은 그럴 가치가 있다 ✦

대학교를 갓 졸업했을 때 주머니 사정은 궁색했지만, 얼굴 하나만큼은 자신 있었다. 청춘의 패기가 가득할 때였다. 당시 영어 스피치 대회에 나갔다가 두 여학생에게 대시를 받았다. 첫 번째 여학생이 모든 방면에서 훨씬 더 뛰어났지만, 왠지 나에게는 과분한 것 같아서 나는 두 번째 여학생을 선택했다. 우리는 연애를 시작했지만 아쉽게도 얼마 안 가 헤어졌다. 그런데 오랜 시간이 흐른 뒤에 첫 번째 여학생을 우연히 만났다. 그녀는 이미 결혼한 뒤였다. 함께 차를 마시는데 그녀가 물었다. "왜 내가 아니었어? 네 연락 무지 기다렸었는데."

그 후로 많은 게 바뀌었다. '세상에서 가장 좋은 게 나에게 어울릴 수도 있구나!' 하는 생각이 들었다. 어느 날 갑자기 내게 어울리지 않는다고 생각이 들면 최면을 걸었다.

"어울려. 넌 할 만한 가치가 있어."

그러다가 인터넷에서 '높은 자격감'이라는 단어를 보게 됐다. 물론 이 단어를 그렇게 좋아하는 건 아니다. 뭔가 억지로 만들어 낸 것 같은 느낌이 들어서이다. 그러나 그 뒤에 숨겨진 의미에는 동의한다. 괜찮다면 당신도 이 말을 소리 내 따라 해보길 바란다.

오해 없기를 바란다. 비싼 걸 사기 위해 돈을 마구 쓰라는 얘기가 아니다. 그걸 명품 가방으로, 명품 시계로, 고급 아파트로 알아들었다면 단단히 오해한 거다. 그런 소비재들, 심지어 사치품은 당신 영혼의 깊은 곳에 충만한 만족감을 주지 못한다. 오히려 당신 인생에 짐이 될 수 있다. **당신의 능력이 닿는 범위 안에서 최고의 '분배'를 통해 가장 행복한 삶을 누려야 한다.**

내가 줄곧 저축의 중요성을 강조하는 이유이기도 하다. 평생 먹고 싶은 거, 사고 싶은 걸 참아가면서 열심히 돈을 모았는데 나이가 들고 병에 걸려 결국에는 그 돈을 약값에 다 써버리는 경우를 너무 많이 봤다. 내가 말하는 저축은 삶을 더 즐겁고 행복하게 누릴 수 있게 하는 '도구'이다. 아무도 당신에게 행복한 삶을 즐기지 말라고 강요한 적 없다. 그냥 당신이 무의식적으로 그렇게 생각할 뿐이다.

만일 당신의 원가족이 "삶을 너무 즐기는 데만 쓰면 안 돼"라고 끊임없이 가스라이팅 했다면, 부탁한다. 지금까지 모은 돈으로 당신을 '양육'하길 바란다. '고급스러운 삶'이란 어떤 건지 한번 경험해보길 바란다. 나도 한 끼에 무려 천만 원이 넘는 '진수성찬'을 먹어본 적 있다. 그런데 진짜 솔직히 말하면 사발면이 훨씬 맛있다. 아버지는 내가 '가난뱅이 위'라서 그렇다고 하지만, 나는 안다. 내게 안 어울리는 게 아니라, 단지 그런 과장된 삶을 별로 안 좋아하는 것뿐이라는 걸.

서른 이후 나는 마침내 나를 다시 '양육'할 기회를 얻었다. 지금은 마음에 드는 물건이 있으면 그 자리에서 바로 구매할 때도 있다.

좋은 물건을 보면 아무리 비싸도 사용해 본다. 앞으로 계속 이런 소비를 할 수 없을지도 모르지만, 어쨌든 지금은 그만한 자격이 있다고 생각한다.

나는 좋은 옷, 좋은 차, 좋은 술을 살 수는 있지만 거기에 중독되진 않는다. 그것들이 삶에 약간의 즐거움을 주기도 하지만, 그보다 나를 홀대하지 않고, 최대한 내가 원하는 걸 실현하면서 살려고 노력하는 편이다.

딱 한 가지 사소한 일로 '높은 자격감'을 얻고 싶다면 남은 음식을 버리는 것부터 시작해 보기 바란다. 한 끼를 먹더라도 신선한 재료, 맛있는 요리를 먹도록 하라. 하루 지난, 먹다 남은 음식은 버리도록 하라. 낭비가 아니다. '버리는' 행위를 통해 당신은 알게 될 것이다. 나 자신을 홀대하면 안 된다는 걸.

끝으로 가장 좋은 사람을 만나고, 가장 좋은 물건을 쓰고, 가장 좋은 일을 하길 바란다. "넌 날 사랑할 자격 없어"라고 말하는 연인에게서는 미련을 거두길. 시간이 지나면 이렇게 말하게 될 거다. "참 보는 눈 없네. 거 봐. 나 놓치고 후회하지?"

쓸모없는 관계는 정리하자. 무의미한 인맥이 아닌 당신 자신에게 집중하라. 긍정적인 에너지가 모이기 시작할 것이다.

생활 편

진정한 강자는
자신을
소모하지 않는다

불안을 해치우는 방법은
일이 발생하기 전에 미리 해결 방법을
생각하는 것이다.

퇴근 후의 삶을
경영하라

퇴근 후의 시간을 어떻게 보내야 할 것인가 고민하는 사람들을 위해 『퇴근 후의 삶이 당신의 평생을 결정한다下班后的生活，决定了人的一生』(국내 미출간)라는 책을 쓴 적이 있다. 거기에 실었던 에피소드가 새삼 다시 생각나 소개하려고 한다.

그 글을 인터넷에 처음 올렸을 때 대체로 반응이 별로였다. "이렇게 할 수 있는 건 당신이 일이 많지 않거나 그만큼 힘들지 않아서예요. 퇴근하고 나면 정말 아무것도 하기 싫어요. 침대에 누워서 쇼트폼을 보다 보면 시간이 다 가버리는걸요? 원래 계획한 일이 있었지만, 알고리즘이 추천하는 쇼트폼의 세계에 빠지면 눈 깜짝할 사이에 12시예요. 그러면 씻고 자야죠. 그런데 또 자려고 하면 자괴감이 들어요. '아…. 오늘도 영상 보는 거 말고 한 게 없구나.' 잠이 오지 않아서 또 휴대전화를 만지작거리려요. 악순환의 연속이에요."

혹시 당신 얘기처럼 느껴지는가? 퇴근 후의 시간을 제대로 통제하지 못한 채 끌려가고 있다면 추천하는 방법이 하나 있다. **퇴근 후에 바로 '의식**儀式**을 행하라'.**

내가 성공한 케이스다. 하루를 정신없이 바쁘게 보내고 집에 오니 벌써 9시가 다 되어 있었다. 보통 나는 12시 정도에 잠이 드니까 아직 3시간 정도 여유가 있는 셈이었다. 만일 쇼트폼을 보기 시작한다면 시간은 순식간에 흘러갈 것이다. 이럴 때는 바로 '의식을 행하는' 게 좋다. 가령 집에 오자마자 샤워를 하거나, 옷을 갈아입고 세수를 하거나 그전에 계획한 일을 실천하도록 하라. 이렇게 해야 시간의 주도권을 잡을 수 있다.

나는 매일 잠들기 전에 다음 날 할 일을 써놓는 편이다. 너무 피곤해서 도저히 힘이 없는 날은 굵직한 거 딱 하나만 쓴다. 목표를 세우고 계획대로 일하면 크게 실수하지 않는다. 특별히 너무 피곤해서 쓰러질 것 같은 날은 아주 작은 일 딱 하나만 해보자. 오히려 효율이 올라간다.

또 다른 방법은 이 책에서 계속 강조하는 것 중 하나인 '운동'이다. 피곤함에 절어 몸이 천근만근일 때 추천하는 가장 좋은 방법은 침대에 눕는 게 아니다. 피곤이 극에 달하면 오히려 잠이 잘 오지 않는다. 또 머릿속에 끊임없이 등장하는 생각들을 통제하기 어려울 때는 몸을 움직여야 한다.

팟캐스트에서 모은 사연들이다. 한 학생이 '퇴근 후에 너무 피곤해서 도저히 아무것도 하고 싶지 않다, 심지어 온몸의 근육조차 말을 듣지 않는 느낌이다'라는 고민을 보내왔다. 내가 그에게 해준 조언은 이것이다. "집에 오자마자 아무리 피곤해도 뛰어보세요. 처음에는 100m, 200m도 괜찮아요. 천천히 5km까지 늘여보세요. 스스로 목표를 정하는 거예요. 하다 보면 점점 실력이 늘어요. 몸이 가벼워지고 머리도 맑아져요. 꼭 한번 해보세요."

인류는 오랜 시간 진화를 거쳐 뜀박질을 해왔다. 뜀박질은 인류가 생존 진화 과정에서 습득한 고급 기능이다. 이 좋은 기능을 왜 활용하지 않는단 말인가? 러닝을 해보면 정신 상태도 점점 맑아지는 게 느껴질 것이다. **연구 결과, 학습 효과가 떨어질 때 가장 좋은 방법은 풀리지 않는 문제를 계속 붙잡고 있는 게 아니라, 아예 생각을 다른 곳으로 전환하거나, 몸을 움직이는 것이라고 한다.**

일이 너무 힘들면 운동을 해보자. 체력이 좋아져서 오히려 일의 능률이 올라간다.

요즘 젊은 친구들은 '배터리 포비아'가 있는 듯하다. 휴대전화 배터리 충전량이 일정 이하로 내려가면 불안하고 초조해한다. 일단 휴대전화를 켜면 모든 정신을 오로지 그것에 집중한다. 책을 폈다가도 게임을 하고, 명상하다가도 SNS를 켠다. 다른 것보다 휴대전화 사용 시간이 훨씬 많다. 쇼트폼에 빠지기 시작하면 시간은 더 이상 당신 것이 아니다.

오랜 시간 흩어진 파편적 정보에만 빠지면 사람은 '바보'가 되어

버린다. 휴대전화만 오랜 시간 보다 보면 깊은 사고를 할 수 없고, 문제를 깊이 탐구할 능력을 잃는다. 탐구 능력이 사라지면 우리의 장래는 암담하다. 인터넷에는 파편적인 콘텐츠가 넘쳐난다. 뭐든 다 아는 것 같지만 그 어느 한 방면에도 정통하지 못하다. 문제의 본질을 보지 못하는 건 엄청난 문제다.

아래의 몇 가지 방법으로 퇴근 후의 시간을 잘 경영하길 바란다.

첫째, 1인 미디어를 운영해 보자

플랫폼은 상관없다. 본질적으로는 이 역시 자아의 표현 과정에 해당한다. 1인 미디어를 시작한다고 갑자기 내가 대단한 사람이 되는 건 아니다. 그러나 1인 미디어를 통해 나를 표현하는 습관을 기를 수 있다. 이 세상은 정보를 '송출'하는 사람 손에 있다. 송출하고 표현해야만 다른 사람이 당신의 존재를 알아챈다. 이 과정에서 당신은 하고 싶은 말을 정확하게, 논리정연하게 표현하는 사람으로 점차 변할 것이다.

둘째, 영상 편집을 배워보자

복잡한 툴이나 장비는 필요 없다. 단순할수록 좋다. 사실 요즘은 AI 기능을 활용해 얼마든지 영상 편집을 할 수 있어서 입문하기 좋다. 미래는 영상의 시대다. 사람들이 아직 텍스트에 익숙하긴 하지만, 동일한 내용이 나중에는 모두 영상의 형식으로 전파될 것이다. 심지어 쇼트폼을 먼저 본 다음 책을 사게 될지 모른다. 작가로서 나는 오랫동안 영상 미디어를 반대했다. 문자만이 '순수한' 사고의 매개라고 믿었기 때문이다. 그러나 많은 작가가 영상 미디어에 참여하는 걸 보면서 생각이 바뀌었고, 이제는 필수 불가결한 매체라는 데 동의한다.

셋째, 글쓰기를 연습하자

콘텐츠와 관련한 모든 작업의 본질은 사실 글쓰기의 과정이다. 내 강연과 영상 퀄리티가 좋은 이유는 먼저 글을 쓰면서 콘텐츠 내용을 미리 정확하게 파악하고 이해하기 때문이다. 글쓰기 시간이 길어질수록 사고의 깊이와 넓이도 더해진다. 주변 사람을 잘 관찰하면 두 종류로 나눌 수 있을 것이다. 하나는 생각을 정리하지 않은 채 바로바로 말해 맥락이 뒤죽박죽인 사람이고, 다른 하나는 말할 바를 미리 생각하는 사람이다. 나는 후자에 속한다. 보통 나는 사람들의 질문에 반응이 빠른 편인데, 그 역시 오랫동안 많은 양을 글로 쓴 덕분이라고 생각한다.

넷째, 독서를 하자

미래의 지식은 영상과 인터넷, 챗GPT 형태로 세계 각지에 전파되지만, 여전히 책의 형태로 기록하고 저장될 것이다. 다시 말해 체계적인 내용은 책을 찾아봐야 할 것이다. 어떤 지식을 배우고 싶어서 인터넷을 검색해 보면 보통 단편의 조각적인 지식만 존재한다. 하지만 책은 체계적인 구조로 심도 있게 정리되어 있다.

인생에는
세 번의 배신이
필요하다

부모와의 관계를 얘기해 보려고 한다. 성장하려면 우리는 세 번의 배신을 겪어야 한다. 그것은 내 뜻이나 의지와는 상관없이 일어난다. 첫 번째는 원가족(부모)에 대한 배신이다. 두 번째는 과거의 울타리가 되어 준 어린 시절의 친구들에 대한 배신이며, 세 번째는 과거의 나 자신에 대한 배신이다. 이번 장에서는 세 번째 배신에 대해 조금 다른 각도에서 이야기해 보고자 한다.

1단계: 나를 배신하기

내가 '배신'이라는 무거운 단어를 쓰는 이유는 다음의 책 두 권에서 깨달은 바가 있어서다.

첫 번째 책은 타라 웨스트오버Tara Westover의 『배움의 발견: 나의 특별한 가족, 교육, 그리고 자유의 이야기』(열린책들, 2020)이다. 책을 읽고 나는 진정한 교육의 본질을 이해하게 됐다. '참교육'이란 높은 점수, 자격증 등을 따기 위해 하는 것이 아니라, 운명을 바꾸고 계층의 속박을 타파하기 위해 받는 것이다.

저자인 타라 웨스트오버는 최악의 가정 환경에서 성장했다. 부모님은 그녀를 학교에 보내지 않았고, 집에서는 폭력을 일삼았다. 가족들은 편벽한 시골 마을 사람들처럼 우매하고 무지하고 고집스러웠다. 하지만 타라는 피나는 노력 끝에 독학으로 미국 아이비리그 대학에 당당히 입학하고 세계적인 베스트셀러 작가가 된다. 그녀의 책은 빌 게이츠와 버락 오바마의 강력한 추천을 받기도 했다. 현재 타라는 이미 재정적 자유를 얻어 미국 중산층의 신분으로 살아가고 있다.

타라의 성장 과정은 자아를 깨뜨리는 고통의 역사였다. 그녀는 가정을 배신하고 독립과 자유를 좇았다. 운명을 바꾸긴 했지만, 여전히 부모와는 화해하지 못했다. 그의 아버지는 지독한 모르몬교 신자로 극히 보수적이며, 현대 의학을 신뢰하지 않는다. 심지어 타라를 학대했다는 사실조차 부정한다. 타라가 큰 성공을 거두었음에도 여전히 그녀의 선택과 성과를 인정하지 않았다. 그로 인해 타라는 감정적인 절망과 고독함, 심각한 자기모순을 경험하기도 했다.

타라는 책에서 부모의 통제에서 벗어난 과정을 상세히 기록하고 있다. 이는 현실에서의 도피였을 뿐 아니라 정신적인 해방이기도 했다. 그녀와 부모 사이에는 여전히 긴장이 흐른다. 심지어 그녀의 SNS에서 공개적인 언쟁을 벌이기도 한다. 부모를 배신하는 데는 대가가 따른다. 운명을 바꾸는 데도 대가가 필요하다. 이 배신은 독립과 자유를 선사하지만, 가정에 봉합하기 어려운 상처를 남긴다.

두 번째 책은 『힐빌리의 노래: 위기의 가정과 문화에 대한 회고』(흐름출판, 2017)이다. 책의 저자는 최근 주목받는 정치가 J.D. 밴스J. D. Vance로 미국의 제50대 부통령을 맡고 있다. 재밌는 건 그가 책을 쓸 때만 해도 도널드 트럼프Donald John Trump 대통령을 통렬하게 비난했지만, 탈고 후에는 그를 포용했고, 심지어 현재는 그의 굳건한 지지자가 되었다는 사실이다. 이러한 변화에 많은 사람이 당혹감을 감추지 못했는데 머스크조차 그의 입장 변화에 의구심을 밝혔다.

밴스의 정치 성향의 변화는 매우 극적이기도 하면서 개인적으로 인생의 터닝 포인트가 되었다. 미국의 몰락한 공업 지대인 러스트벨트에서 태어난 그는 지속적인 가정 학대와 빈곤 속에 성장했다. 그는 자신의 저서를 통해 가정과 사회의 속박에서 벗어나 예일대 로스쿨에 입학하기까지 본인이 어떤 노력을 했는지 상세하게 기록했다. 초반에 그는 트럼프의 정치적 입장을 극구 반대했지만, 정치에 뛰어든 이후 트럼프의 주장이 백인 노동자들의 이익을 보호한다는 걸 깨닫고 자기의 입장을 돌아보게 되었다.

이러한 변화는 정치적인 선택이기도 했지만, 나아가 자신의 신앙과 가치관을 깊이 성찰하는 계기가 되었다. 밴스는 과거의 트럼프를 대했던 자신의 신념을 배신했다. 많은 이의 눈에 그는 초심을 잃은 것처럼 보였으나, 그에게는 현실을 이해하고 변화에 적응한 결과였다. 사람은 변한다. 과거의 자신을 배신하는 것도 일종의 성장이다.

비록 '배신'이라는 단어가 무겁고 불편하게 들릴 수 있지만 '평범한 일반 가정'에서 태어난 경우, 예를 들어 아버지가 평생 공장에서 일한 노동자로 현실적인 계층 상승을 실현할 가능성이 없다면, 도약을 위한 가장 좋은 방법은 원가족의 이야기를 듣지 않고 멀어지는 것이다. 하지만 만일 부모님이 성공한 사업가나 기업가, 정부 고위 관리인 경우 가장 좋은 선택은 그들의 이야기를 듣는 것이다. 왜냐하면 이미 풍부한 자원을 지닌 그들의 어깨 위에 서서 앞으로 나아갈 수 있기 때문이다.

나는 대다수가 나처럼 더는 부모가 걸어간 길을 따라 밟지 않고 나만의 길을 걷고 싶을 거라고 생각한다. 그러려면 부모와 의견 차이가 생길 수밖에 없다. 이러한 충돌이 당신을 완전히 다른 사람으로 변하게 하며, 그들과는 완전히 다른 길로 가게 만든다. 이런 상황에서는 부모를 배신할 수밖에 없다.

중대한 결정을 내리기 전에는 가족처럼 관계는 깊지 않아도 당신이 '숭배'하는 그 사람을 찾아가 조언을 구해야 한다. 며칠 전 친구와 나눈 이야기다.

"나는 '내가 되어야 한다'라는 네 말에는 동의하지 않아. 인생의 첫걸음은 먼저 '다른 사람'이 되어야 해. 처음부터 내가 되려면 부모님이랑 똑같은 길을 갈 수밖에 없잖아."

친구는 과장되게 고개를 주억거리며 내 말에 깊이 공감했다. 성장하기 위해 첫 번째로 필요한 건 바로 '부모를 배신하는 일'이다.

2단계: 과거의 울타리 배신하기

인생에서 한 번씩 업그레이드를 이룰 때마다 내가 속해 있던 '울타리'를 배신해야 한다. 한 단계 더 뛰어넘기 위한 도약을 하려고 할 때 나를 가로막는 건 보통 과거의 친구들이다. 당신이 그들을 배신하면 원망과 비난을 받을 것이다. 당연한 결과다. 인간이란 원래 그런 존재니까. 세상에 본인보다 당신이 더 잘 살기를, 행복하기를 진심으로 기원하는 사람은 얼마 되지 않는다. 대다수는 자기와 비슷하게, 평범하게 살길 바란다. 특히 과거에 당신과 가장 친했던 친구라면 더하다. 평소에는 연락도 없이 지내다가 갑자기 당신이 높은 곳을 향해 '날아오르면' 박탈감과 공허함을 느낀다.

내가 친구들에게 자주 하는 말이 있다. 만일 지금 사는 게 변변치 않다면 예전에 사귄 친구부터 멀리하라고. 당신을 가장 잘 이해하는 그 사람이 뒤에서 당신을 배신하고 상처 입힐 가능성이 크다. 나도 비슷한 실수를 한 적이 있다. 같이 일하는 친구들을 데리고 좋은 곳을 많이 다니고 맛있는 걸 사줬는데, 나중에 보니 내게 하나도 고마워하지 않았다. 오히려 그들은 나를 보며 '왜 내가 아니고 저 녀석이 저 자리에 앉았을까?'라고 생각했다. 아마도 당신의 친구들은 미친 듯이 당신을 모방하고, 심지어 당신의 자리를 빼앗으려고 할 것이다. 사업을 오래 하면서 간사한 사람을 얼마나 많이 봤는지 모른다.

기존의 울타리를 박차고 나와야 한다. 새로운 친구를 사귀는 게 무엇보다 중요하다. 옛날 친구와의 추억에만 젖어 있지 말자. 이제 서로 다른 길을 걸어야 한다.

3단계: 과거의 나를 배신하기

인생은 과거의 '호구'였던 나를 끊임없이 발견하는 과정이다. 과거의 한때, 내가 정말 잘나가던 시절을 그리워하고 있다면 그건 지금 당신의 인생이 내리막길을 걷고 있다는 증거다. 나는 예전에 썼던 일기를 자주 들춰보는 편이다. 그런데 좁은 세계관을 가지고 자기애가 철철 흘러넘치는 내 모습을 보면 정말 죽고 싶다.

더 많은 사람을 만나고 더 많은 책을 읽고 나서야, 당시 나의 세계관이 얼마나 편협했는지 알 수 있었다. 나 역시 과거의 나를 계속 배신하는 중이다. 사람은 과거의 나와 이별해야 한다. 그래야 내 인지 수준 밖의 돈을 벌 수 있다. 우물 안 개구리로 살면서 세상 사람들에게 당신의 목소리를 들려줄 수는 없다. 그 우물에서 나와 더 넓은 세상으로 뛰어들어야 한다.

나는 "초심을 유지하라"라는 말을 싫어한다. 인생이 변하는 것처럼 초심도 변하기 마련이다. 원래 내 초심은 돈을 많이 버는 거였다. 그런데 알고 보니 돈을 많이 벌려면 양심에 거리끼는 일도 많이 해야 했다. 그래서 그냥 즐겁게, 행복하게 살기로 목표를 바꿨다. 내가 변했을까? 물론 변했다. 나는 지금의 나에게 더 적절한 사람으로 변했다.

과거의 나를 배신하는 일은 '신분의 도약'을 실현하려면 반드시 거쳐야 하는 단계이다. 그래서 성공한 사람들을 보면 겉으로는 냉정하고 이성적이며 눈이 반짝반짝 빛나지만, 술 한잔 마시며 이야기를 나눠보면 다들 슬프고 힘든 시절이 있었다는 걸 알게 된다. 그들 역시 배신(여기에서는 '배신'이란 성장의 기회, 즉 다른 방향을 선택하는 행위를 일컫는다)을 거쳐 그 자리까지 올라온 것이다.

'배신'이란 과거의 나를 뛰어넘는 일종의 자기 혁신이다. 과거의 속박에서 해방되어 더 넓고 깊은 인생의 차원으로 나를 초대하는 과정이다.

물론 배신의 과정은 힘들고 고통스럽다. 그러나 그 과정을 거쳐야만 진정한 내면의 자유를 얻고 성장한다. 무겁고 어려운 그 배신이 인생의 '킹 카드'가 되어 당신을 더 좋은 사람으로, 더 나은 사람으로 만들어 줄 것이다.

떠날 줄 아는
용기가 있어야
자유를 얻는다

"인생은 무덤으로 향하는 열차다. 중간에는 수많은 역이 존재하지만, 그 길을 처음부터 끝까지 동행해 주는 사람은 거의 없다. 당신 옆에 있는 사람이 열차에서 내리려 한다면, 아쉬워도 감사하는 마음으로 손을 흔들며 작별을 고해야 한다."

미야자키 하야오宮崎駿가 했던 말이다. 내가 이 말을 특히나 좋아하는 이유는, 간결하지만 그 안에 인생에 관한 심오한 철학과 인간에 대한 온기가 모두 담겨 있기 때문이다. **우리는 수많은 만남과 이별을 겪으며 조금씩 죽음을 향해 나아간다.**

콜롬비아 작가 가브리엘 가르시아 마르케스Gabriel García Márquez는 말했다.

"인생에서 진정으로 중요한 건 당신에게 닥친 일이 아니라, 벌어진 수많은 일 가운데 당신이 어떤 일을 기억하고 그것을 어떻게 마음에 새기는가이다."

몇 번의 이별을 경험한 후 내가 느낀 것들을 이번 기회를 빌려 얘기하려고 한다.

어릴 때 책이나 영화 속에서 이별의 이야기를 많이 보았다. 매번 이별 얘기가 나오면 감정이 이입되어 금세 목울대가 뜨끈해졌다. 다른 사람들처럼 나도 이별에 깊은 두려움과 반감이 있었다. 머리로는 이별이 인생에 흔히 일어나는 일이란 걸 알면서도 마음은 쉽게 받아들이지 못했다. 우리는 배우자의 장기 출장을, 부모와의 이별을, '롱디' 연애를, 갑작스러운 이사를, 심지어 소설이나 드라마의 완결을 두려워한다.

이러한 '이별'들은 마치 **우리에게 인생에 영원한 동반자는 없다는 걸, 그러니 혼자 지내는 법을 익혀야 한다**는 걸 끊임없이 알려주는 것 같다.

✛ 서로의 여정을 비춰줄 응원의 힘으로 이별하라 ✛

최근에 있었던 이별은 캐나다에서 부모님과 헤어진 일이다. 두 분은 커다란 캐리어를 끌고 유학 떠나는 아들의 길을 동행해 주었다. 학기가 시작되면서 나도, 부모님도 점차 바빠지기 시작했고, 두 분은 결국 귀국길에 올랐다.

아버지는 캐나다에서 알 수 없는 외로움을 느꼈지만, 우한武漢에 돌아가서는 마음이 편안해졌다고 한다. 자욱한 담배 연기, 매일 만나는 익숙한 가게 사장님과의 만남이 그렇게 즐거울 수가 없다고 하셨다.

두 분을 공항에 모셔다드리면서 해보고 싶은 게 하나 있었다. 예전에 '지금의 이별은 더 나은 만남을 위한 것'이란 제목의 글을 쓴 적이 있었다. 어떤 이별은 영원한 이별이 되기도 하고, 또 언제 갑자기 이별하게 될지 모른다. 그래서 모든 이별을 소중하게 대해야 한다. 안아줄 수 있을 때 힘껏 안아주고, 입 맞출 수 있을 때 입 맞춰야 한다. 그래서 나는 매번 공항에서 중요한 사람과 이별할 때는 있는 힘껏, 온 정성을 다해 안아주고는 한다. 이번에는 부모님과도 그런 식으로 '이별 의식'을 행하고 싶었다.

그런데 문득 이별을 대하는 아버지의 자세가 궁금해졌다. 예순을 넘긴 나이었지만, 여전히 아버지는 배울 점이 많은 분이었다. 탑승 수속을 마친 뒤, 짐을 부치고 두 분을 검색대 입구로 모셔다드렸다. 잠깐 처리할 일이 있어서 자리를 비운 뒤 돌아왔더니 두 분이 보이지 않았다. 그 잠깐 사이에 이미 들어가신 거였다. 그 흔한 인사 한마디 못하고 그냥 그렇게 헤어졌다. 잠시 후 어머니에게 메시지가 왔다. '우리 잘 들어와서 비행기 탔다!'

그날 갑자기 그런 생각이 들었다. 어쩌면 아버지는 어떻게 이별해야 할지 모르는 게 아닐까 하고. 아버지는 눈물도 흘리지 않았고, 흔한 포옹 한번 해주지 않은 채 그저 아이처럼 '도망'쳤다. 정말 진지하게 '이별 의식'을 행하면 내가 또 '사나이의 두 번째 눈물' 같은 글을 쓸 줄 아셨던 거다. 아버지는 내가 당신의 '연약한' 모습을 글로 묘사한 걸 두고두고 원망하셨다.

예전에 아버지와 이별했던 장면이 떠올랐다. 당시 대학교 입학을 위해 나는 아버지와 함께 기차를 타고 학교로 향했다. 학교 정문을 지나던 순간, 왠지 한참 동안 아버지를 볼 수 없을 것만 같은 생각에 다시 뒤를 돌아보았다. 아버지는 별말 없이 그저 내가 가는 모습을 그 자리에 한참을 서서 지켜보다가 몸을 돌렸다. 아버지의 쓸쓸한 뒷모습과 차마 표현하지 못한 어색한 그 감정을 나는 오랫동안 기억했다. 시간이 지나서야 알았다. 그게 아버지가 이별을 대하는 방식이었단 걸.

대학교 1학년 때는 정신없이 바쁘고 힘들었다. 겨울 방학 동안 집에 내려가서 보낸 그 하루하루가 내겐 너무 소중했다. 방학이 끝나갈 때면 늘 아쉬움이 커서 학교로 돌아갈 날을 카운트다운하며 시간이 제발 천천히 가길 빌기도 했다. 그런 마음은 '이별'을 더 고통스럽게 만들었다.

10년 뒤, 나는 베이징을 떠나 토론토로 향했다. 그사이 SNS에 공식 계정을 만들어 칼럼을 썼다. 마지막 남은 3개월은 친구들과 잘 헤어지고 싶었다. 언제 또 볼지 모르기 때문이다. 그런데 생각만큼 그렇게 아쉽거나 애틋하지 않았다. 친구들이 만들어 준 송별회 자리에서는 오히려 편안함과 담담함을 느꼈다.

이별의 핵심은 재회가 아니라, 우리가 만났던 그 여정에 서로를 밝게 비춰주는 것임을 나는 마침내 깨달았던 것 같다.

✚ 이별은 특별히 아프지 않다 ✚

이별이 아픈 이유는 헤어짐 그 자체가 아니라 마음에 차오르는 무력감 때문인지도 모른다. 현재를 즐겁게 살아내는 사람은 과거를 잘 떠올리지 않는다. 그러나 삶이 어둡고 아쉬우면 자꾸만 찬란했던 과거의 추억에 얽매인다. 서른이 되면서 나는 이별과 외로움은 인생의 '디폴트 값'이라는 걸 깨달았다. 유일하게 할 수 있는 일은 보고 싶은 사람이 생기면 언제든 비행기표를 사서 떠날 수 있을 만큼 강해지는 것이었다.

이번에 부모님은 특별히 슬퍼하진 않으셨다. 우한으로 돌아간 아버지는 심지어 다소 상기된 목소리로 다음 여행을 기약하기까지 했다. 전화 너머 들리는 아버지의 기분 좋은 흥분이 나를 감동시켰다. 이별도 아프지 않을 수 있다는 걸 그때 처음 깨달았다. 마음이 통하는 사람은 어디에 있든지 서로의 온기를 느낄 수 있기 때문이었다.

나는 이별 때문에 더는 아파하지 않았다. 너무 그리우면 당장 비행기표를 사서 떠나면 되니까. 나는 부모님에게도 언제든 오고 싶으면 올 수 있도록 비행기표를 사드렸다. 내가 할 수 있는 가장 최고의 방식으로 부모님께 내 그리움과 고마운 마음을 표현하기로 했다. 자유롭게 원하는 걸 선택할 수 있는 조건과 환경이 삶을 어느 정도 통제할 수 있다는 일종의 자신감과 힘을 불어넣었다.

'지금의 이별은 더 나은 만남을 위한 것'이라는 글을 쓴 적이 있지만, 어떤 만남은 사실 꼭 그럴 필요가 없다는 걸 지금은 안다. 만약 내가 매일 집에서 하는 일 없이 빈둥대기만 하면 부모님도 마음이 편치 않으실 거다. 서로가 애틋하고 그리운 이유는 서로의 성장을 기반으로 한다. 강압적인 구속과 동행이 아니다.

이별의 아픔을 덜어내려는 방법으로 다음의 네 가지를 추천한다.

첫째, 지금의 이별은 서로 더 나은 삶을 살기 위한 발걸음이다. 그러니 슬퍼할 필요 없다. 더 높은 곳을 향해 나아가기 위한 이별은 상실이 아닌 완성의 여정이다. 당신의 성장을 저지하는 울타리를 벗어나야 한다. 앞을 가로막는 환경과 이별해야 한다. 그것이 당신을 자라게 하는 힘이다.

둘째, 이별은 나를 더욱 강하게 만들어 문제를 해결하게 한다. 언제 어디서든 내가 사랑하는 사람, 보고 싶은 사람은 만나고 싶을 때 만날 수 있는 능력을 키우도록 하라. 그만큼 자유롭고 강해져야 이별이 슬프지 않다.

셋째, 이별은 삶의 일부분임을 받아들이자. 아무리 노력해도 당신의 일생을 처음부터 끝까지 함께할 사람은 없다. 그것에 저항하는 것보다는 현실을 받아들이자. 사랑하는 사람을 만날 때마다 하늘이 준 기회이자 선물이라고 생각하자. 이별은 우리의 마음을 단련해서 지금 내 눈앞에 있는 사람이 얼마나 소중한 존재인지 깨닫는 교훈을 준다.

넷째, 내면의 균형과 안정을 찾자. 고독함 속에서도 내면의 충분한 만족을 얻을 수 있는 사람, 외부 세계에서 정의한 이별의 감정적 가치에 의존하지 않은 사람에게는 이별의 고통이 덜하다. 내면의 평안, 그리고 상황에 상관없이 자족하는 마음이 있다면 그 어떤 이별 앞에서도 담담하게 웃으며 손을 흔들어 줄 수 있다.

늘 어려운
부모와의 소통,
지혜를 터득하라

나는 서른이 넘은 뒤에도 부모와 같이 사는 사람을 많이 봤다. 가장 큰 문제는 뭐니 뭐니 해도 부모와의 갈등과 다툼이다. 한 친구는 모임 때마다 부모를 원망하고 증오했다. 부모가 무슨 말만 하면 갑자기 짜증이 밀려와 싸우고는 하는데, 또 그렇게 다투고 나면 죄책감이 밀려온다고 했다. 불만이 어찌나 많은지 소설 한 권을 써도 모자랄 지경이었다. 결혼은 언제 하느냐고 그렇게 재촉하더니, 결혼한 뒤에는 애는 언제 낳을 거냐, 애를 낳고 나니 이제는 각양각색으로 갈등이 터졌다. 그러나 근본적인 갈등은 늘 그와 어머니 사이에서 일어났다.

나도 그랬다. 한때 부모님과 함께 지낸 적이 있었다. 그 시절 나는 거의 매주 한 번은 아버지와 감정적으로 부딪혀 다툼이 일어났다. 그건 우리의 관계가 특별히 나빠서가 아니라 아버지는 아버지의 삶이, 나는 나의 삶이 있기 때문이었다. 한 지붕 아래 오랜 시간을 함께 있다 보니 서로의 생활 습관이나 태도 등이 부딪혀 마찰이 생겼고, 그러다 보니 서로에 대한 존중보다는 원망과 불평만 늘어갔다.

부모와 원만한 관계를 유지하기 위한 몇 가지 방법을 공유해 보고자 한다.

첫째, 물리적인 거리를 유지하라

거리를 유지한다고 부모를 사랑하지 않는 게 아니다. 반대로 일정한 거리가 사랑의 반증이 되기도 한다. 부모와 함께 살면서 계속 싸우고, 그걸로 자괴감과 죄책감을 느끼는 사람들은 부모도, 자신도 모두 독립적인 개체임을 인정해야 한다. 이런 경우 일정한 거리를 유지하는 게 양쪽 모두에게 도움이 된다. 구정이나 추석 연휴에 만나고 평소에는 전화로 안부를 물으면 된다. 만날 날을 정해놓고 기다리는 게 오히려 원만한 관계 유지에는 훨씬 도움이 될 것이다. 처음에 캐나다에 부모님과 함께 왔을 때는 아버지와 정말 많이 싸웠다. 완강했던 아버지의 태도는 중국으로 돌아가는 비행기표를 사고 귀국 날짜가 정해지자 부드러워졌고, 더는 내게 잔소리하지 않으셨다.

둘째, 과제 분리를 배우자

이미 많이 언급했던 내용이다. 자식들이 부모가 아파하고 슬퍼하는 이유를 무능한 자신 탓으로 돌리는 경우를 많이 봤다. 그러나 부모의 고통은 자식들 때문이 아니다. 모두 각자 감당할 고통이 따로 있다. 내가 그 사람이 될 수는 없다.

인생에서 가장 행복한 일은 타인의 감정과 정서에 말려들지 않고, 그 사람의 운명을 존중하는 것이다. 여기에는 당연히 부모와 자식의 운명도 포함된다. 부모와 자녀 역시 독립적인 인격체다. 서로 영향을 줄 수는 있지만, 인생을 바꿀 책임은 각자 자신에게 있다.

사람은 아무리 말로 해도 깨닫지 못한다. 직접 아픈 일을 겪어야 제대로 깨닫는다. 언어로는 절대 바뀌지 않고, 반드시 행동 중에 깨닫고 변하는 게 사람이다. '사랑'이라는 이름으로 자녀를 구속해서는 안 된다. 사랑이 구속으로 변하는 순간, 사랑도 사라진다.

한 어머니가 찾아와서 본인 아들이 성적이 고꾸라진 데다, 학생 신분임에도 여자 친구까지 생겨서 미쳐버리겠다고, 이제 아들의 인생은 끝난 것 같다고 울면서 하소연했다. 나는 한참을 생각하다가 결국 이렇게 말해 주었다.

"그럴 수 있죠. 이번 생이 실패한 것일 수도 있어요. 그렇지만 여전히 아드님을 사랑하신다면 아드님의 삶을 존중해 주세요. 설사 실패한다고 해도 일어설 수 있게 도와주세요. 어머님의 사랑은 변함없잖아요."

사랑으로 자녀를 구속하려 한다면 그 사랑은 '협박'이라는 이름으로 변한다. 처음에는 바뀌는 것처럼 보일지 모르겠지만, 결국 아이는 원래대로 돌아간다. 그땐 자녀도 부모를 원망하고, 관계는 회복 불가능한 상태가 되어버린다.

그 어머니는 내 얘기를 듣고 아들에 대한 간섭을 내려놓았다. 결국 아들은 대학에 합격해 무사히 졸업했고, 지금은 한 온라인 기업에 들어가 열심히 자신의 인생을 살고 있다. 예상보다 훨씬 좋은 결과다.

셋째, 부모에 대한 기대를 버리자

부모에 대한 기대를 서서히 버리는 과정이 곧 성장이다. 어릴 때는 사사건건 의존했을지 몰라도 점차 부모에게서 벗어나 독립하는 연습을 해야 한다. 만일 부모를 도울 능력이 된다면 긍정적인 선순환이 이뤄질 수 있다. 당신에게 필요하던 관계에서 이제 당신이 도와줄 수 있는 관계가 되었으니 말이다.

하지만 서른을 넘기고도 여전히 부모에게 의지하는 청년들이 있다. 심지어 자신의 자녀를 부모에게 떠넘기는 사람도 얼마나 많은지 모른다. 참 안타까운 일이다.

넷째, 실제적인 교류는 삼가도록 하라

이 또한 일종의 지혜라고 할 수 있다. 소위 실제적인 교류를 하지 않는다는 건 갈등을 빚을 만한, 혹은 인지적 차이를 보이는 화제를 피하라는 뜻이다. 가령 당신은 아이 낳을 생각이 전혀 없는데 그 일을 부모님에게 알리면 아마 받아들이기 힘들어할 것이다. 정기적으로 출퇴근하는 번듯한 직장을 그만두고 싶다거나, 비주류 직종으로 전직하고 싶다는 등의 사안에 관해서는 부모님과 깊이 교류하지 않는 게 좋다. 대신 먹는 것, 사는 것, 건강 등의 주제로 대화해 보자.

나이가 들면서 떨어져 있는 시간이 길어지다 보면 부모와 자식 간에 서로 만나는 사람이 다르고, 접하는 문화와 환경도 변화된다. 그러다 보면 당연히 공통의 관심사나 화제가 같을 수 없다. 이럴 때 는 감정을 위주로 대화를 나눠보자. 서로에 대한 사랑, 그리움, 고마 움 등을 얘기하는 것이다.

이것이야말로 진정한 사랑의 표현이 아닐까? 굳이 양측 모두 원 하지 않는 화제로 대화를 나눌 필요는 없지 않은가? 심지어 한 마디 만 나와도 서로 으르렁대는 주제를 왜 굳이 만날 때마다 꺼낸단 말 인가?

이런 화제는 접어두고 재미있고 즐거운 이야기로 시간을 보냈으 면 한다. 맑으면 맑은 날씨에 대해, 선선하게 바뀐 가을바람에 대해. 이런 대화를 나누다 보면 또 어느 지점에서 공감대가 생기기도 한 다. 공감대 형성이 어려우면 굳이 많은 말을 할 필요 없이 서로의 위 치에서 각자 응원하며 최선을 다하면 된다.

통제욕 강한
부모 되지 않기

　캐나다에 온 뒤로 밴쿠버에서 많은 부모를 만났다. 각종 식사 자리와 모임, 애프터눈 티 행사에서 그들은 하나같이 자녀 교육과 관련된 이야기를 나누었다. 이번 장에서는 최근에 들었던 생각에 관해 나눠보려고 한다.

　훌륭한 부모가 가진 세 가지 공통점을 발견했다.
　개인적으로 훌륭한 부모란 '생명력' 있는 아이를 키우는 부모라고 생각한다. 이런 아이들의 눈은 총기로 빛난다. 낯선 사람을 무서워하지 않고, 자기보다 우수한 사람을 만나도 기죽지 않으며, 자기보다 신분이 낮은 사람 앞에서도 으스대지 않는다. 나는 이런 아이들이 활력 있다고 생각한다.

그렇지만 안타깝게도 너무 많은 부모가 본인의 자녀를 '로봇'으로 키워내고 있다. 그런 아이들은 눈이 텅 비어 있고, 부모를 만나면 원수를 대하듯 적대한다. 사람들과 대화할 때는 으스대고 교만하며, 상대를 배려하지 않는다.

이런 사실을 기반으로 훌륭한 부모의 세 가지 공통점을 정리해 보았다.

첫째, 자녀를 마음대로 통제하지 않는다

아이가 부모가 잘 알지 못하는 일을 한다고 해도 기꺼이 허락한다. 내가 지금 하는 일은 우리 부모님이 나를 키울 때는 전혀 존재하지 않았던 직업이라 잘 모르신다. 그래서 오히려 더 존중받고 있고, 그 덕에 여기까지 올 수 있었다.

어제 한 아이의 아버지와 대화를 나눴다. 그 부모는 아이에게 컴퓨터 과학 전공을 계속 권유하고 있다고 했다. 그들 생각에는 '컴퓨터가 미래의 트렌드'이기 때문이었다. 나는 솔직히 말했다.

"아들에게 계속 컴퓨터를 공부하라고 강요하면 아마 나중에는 컴퓨터를 쳐다도 보기 싫은 상태가 될 겁니다. 컴퓨터가 미래의 트렌드라고 생각하지만 그건 오해예요. 구글도 지금은 컴퓨터 과학 전공 출신 인재를 거의 뽑지 않아요. 오히려 인문 사회학과, 심리학, MBA 졸업 인재에 주목하고 있어요. 왜냐하면 그들이 다방면의 발전 잠재력이 더 많기 때문이에요."

당신이 이해하지 못하는 세계에 당신의 방식으로 아이를 밀어 넣지 않도록 하라. 그렇지 않으면 당신은 아이가 망가지는 꼴을 눈 뜨고 보고 있어야 할 것이다.

둘째, 아이를 인정한다

매우 중요한 점이다. 자녀는 태어날 때부터 부모에게 원하는 세 가지 타고난 욕구가 있다. 나를 봐줄 것, 부모에게 가치 있는 존재일 것, 부모에게 매우 중요한 사람일 것. 이 세 가지는 모든 아이에게 있는 욕구다. 그래서 자녀는 어릴 때부터 부모의 관심을 끌기 위해 노력하고, 커서는 인정을 받고 싶어 하며, 끝까지 부모의 눈에 매우 중요한 사람이 되기를 바란다.

하지만 생각보다 정말 많은 부모가 자녀를 억압한다. 그러면 아이는 혼자서 아무것도 할 수 없는 존재라고 생각한다. 결국 부정적인 교육을 받고 자란 아이는 점점 자신을 존중받을 만한 가치가 없는 존재로 인식하게 된다. 부모는 위대하고 강한 사람들이지만, 자신은 아무것도 아니라고 생각하는 것이다.

뉴질랜드 작가 린다 콜린스Linda Collins의 『영원한 딸Loss Adjustment』(국내 미출간)에 등장하는 딸은 부유한 가정환경에서 태어나 국제 학교에 다니며 우월한 환경 속에 살았지만, 결국 투신자살을 선택한다. 뭘 해도 다 아니라고, 네가 잘못했다고, 이건 부족하고, 저건 틀렸다고 말하는 부모 때문이었다. 나도 때로는 그런 경험이 있었다. "우리 아들은 수학은 잘하는 데 언어를 못 해요. 국어 과외를 따로

붙여야 할까요?" 부모님이 친구들과 이런 얘기를 나눌 때는 너무 답답했다. '왜 대체 잘하는 수학은 칭찬해 주지 않고 못 하는 국어에 그렇게 몰두하는 걸까?'라고 생각했다.

아이는 자신이 인정받지 못한다고 느끼면 눈에 총기가 사라진다. 그러고는 생각한다. '마음대로 하세요. 나는 그냥 시키는 대로 할게요.' 정말 너무 많은 아이가 이렇게 변해간다.

아는 누나네 집으로 밥을 먹으러 갔다. 누나가 자신의 친구와 그의 아들도 함께 불러서 같이 식사를 했다. 누나가 친구 아들에게 "이제 대학 졸업반이지? 취직자리 알아봐야 해서 힘들겠구나"라고 말했더니, 그 녀석이 이렇게 대답했다. "괜찮아요. 천천히 하려고요. 어차피 우리 엄마 아빠 돈이 제 돈이거든요." 대체 이런 사고방식은 어떻게 형성된 걸까? 간단했다. 부모가 오랫동안 아이의 필요를 무시하고, 그의 존재를 괄시하고, 그의 가치를 인정하지 않았기 때문이다. 아이는 부모의 몸에 딱 달라붙은 '자석'이 되어 있었다. 아니, 사실 자석이라는 말도 아깝다. 더 심하게 말해 녀석은 싸 버리고 닦지 않은 똥 같은 존재가 되어 있었다.

이런 부모들에게 묻고 싶다. 그래서 결국엔 행복한가? 그래서 결국 편안해졌는가? 어릴 때 아이에게 "잘하고 있어, 너는 독립적인 인격체야, 뭐든 네가 스스로 책임져 봐"라는 말만 해줘도 아이는 정상적으로 성장할 수 있다.

셋째, 훌륭한 부모는 '현재를 산다'

이 말을 잘 기억해야 한다. 많은 부모가 미래가 걱정돼서, 과거가 후회돼서 현재를 살지 못한다. 그러나 아이는 현재를 살아간다. 발을 접질려 넘어졌더라도 눈앞에 맛있는 게 있으면 바로 일어나 아픔도 잊은 채 먹는 게 아이들이다. 나도 그랬다. 수업 시간이 아무리 힘들어도, 선생님께 아무리 혼났어도 쉬는 시간은 오게 되어 있었다. 그 10분을 위해 버텼다.

부모의 미래에 대한 과도한 관심과 근심은 아이에게도 그대로 전이되어 똑같은 걱정에 빠진다. 그런데 이러한 걱정은 정말 아무 쓸모없다. "너 나중에 좋은 대학 못 들어가면 어떡할래?" "엄마 아빠가 돈이 없어지면 어떡할래?" 이렇게 물어도 사실 아이는 방법을 모른다. 그러니 아이를 걱정에 '참여'시키지 말고 실질적으로 할 수 있는 일을 하게 해주어라. 어떻게 하면 돈을 벌 수 있는지, 대학에 들어가려면 어떤 절차를 밟아야 하는지 등이다. 아이는 행복하게 살아낸 오늘이 있어야 미래에도 행복하다.

건강한 가정이 되려면 아빠의 역할이 매우 중요하다. 요즘 가정은 '사라진 아빠' '걱정하는 엄마' '통제 불가능한 아이'로 구성된 듯하다. 이 모든 것의 기원은 결국 '사라진 아빠'에서 기인한다. 아빠는 가장이자 반려자, 리더이자 헬퍼의 역할을 감당해야 한다. 이런 가정에서 자란 아이가 스트레스를 처리하는 능력도 강하고, 자신감과 언어 표현력도 뛰어나다.

나는 어릴 적 늘 그 자리에 있어 준 아버지에게 특히 감사를 드린다. 나와 누나의 언어 표현력, 스트레스 처리 능력은 꽤 괜찮은 편이다.

끝으로 미국의 시인이자 예술가였던 칼릴 지브란_{Kahlil Gibran}이 했던 말을 여러분에게 바친다.

"당신의 아이는 사실 당신의 아이가 아니다. 그들은 그저 삶을 갈망해서 세상에 태어난 존재일 뿐이다. 당신을 통해 이 세상에 왔으나, 결코 당신 때문에 온 것은 아니다.

그들이 당신 곁에 있지만, 당신의 것은 아니다. 당신은 그들에게 사랑을 줄 수 있지만, 생각을 줄 수는 없다. 왜냐하면 그들도 스스로 생각하기 때문이다.

당신이 그들의 몸을 보호할 수는 있으나, 그들의 영혼은 지켜줄 수 없다. 왜냐하면 그들의 영혼은 당신이 아닌 내일에 속하기 때문이다."

누군가를 위해
살아주는 사람이
되지 마라

이 책의 마지막 장을 무슨 얘기로 마무리 지을까 고민을 많이 하다가 '사회적 기대'라는 용어에 대해 생각하는 시간을 갖기로 했다.

"지금 하는 일을 부모님과 가족, 친구들이 좋아하지 않아요. 어떡하죠?"

정말 많은 친구가 물어보는 질문이다.

나의 대답은 한결같다. 다른 사람이 뭘 좋아하는지 크게 신경 쓸 필요 없다. 그들은 심지어 당신의 업무 내용도 제대로 모르는 사람들이다. 특히 첨단 과학이나 신흥 산업에서 일하는 사람들, 이를테면 쇼트폼과 관련된 기획, 편집 등의 일을 하는 사람 중에서 그 업무 내용을 완벽하게 이해하는 사람은 얼마 되지 않는다. 아직 등장하지는 않았지만 향후 돈을 많이 벌 직업들이 있다. AI 프롬프트 엔지니어, AI 윤리 위원회, 슈퍼 정렬Superalignment[1] 전문가 등이다. 이런 직업들은 청년들에게조차 매우 낯설게 들리니 부모 세대는 두말할 나위 없다.

내 생각은 간단하다. 법을 위반하지 않는 한 어떤 방식으로든 돈을 벌 수 있다.

아주 어릴 때부터 알고 지낸 형이 있다. 내 성장 과정을 곁에서 지켜본 형은 작가로는 돈을 벌 수 없을 거라며 말렸다. 책이 유일하게 정보를 담아내는 매개의 역할을 하던 시대에는 베스트셀러 작가가 확실히 돈을 잘 벌긴 했다. 하지만 지금은 그렇지 않다. 내가 돈벌이가 별로 좋지 않은 데다가 원고료도 그리 높지 않다는 얘기를 듣고 형이 해준 말이 있다. 아마 나는 그 얘기를 평생 잊지 못할 거다.

"네 글재주 좋은 거 알지. 어디 그뿐이냐? 영어도 잘하고 코딩도 잘하는 데다가 친구도 많잖니. 그럼 뭘 해도 돈을 벌지 않겠어? 작가라고만 소개하고 다니지 마. 물론 널 잘 모르는 사람들에게 존중받고 싶으면 그렇게 말할 수 있지, 멋진 직업이니까. 하지만 무슨 일을 하든 선택의 기준은 오로지 하나, 돈을 벌 수 있는 일

---

1 미래에 만들어질 초지능 AI를 제어하여 인간에게 유용하고 해롭지 않은 방식으로 행동하도록 조절하는 연구.

이면 뭐든 할 수 있어야 해. 다른 말로 하면 돈이 안 되는 일은 하지 마. 그게 네 명예와 명성에 아무리 많은 도움이 된다고 해도 말이야. 기억해. 언제나 돈 버는 게 우선이야."

형의 조언은 참 많은 생각을 하게 했다. 사회적 기대에 관해 내가 먼저 하고 싶은 말은 이거다. **절대 누군가를 위해 살아주지 말고 오직 당신 자신을 위해 살아야 한다.**

불행한 일을 겪어 인생이 바닥으로 고꾸라지면 누가 당신에게 기대를 품겠는가? 누군가 구원의 손길을 뻗어주길 간절히 바랄 때, 당신에게 칭찬 일색으로 아부를 떨어대던 사람들은 다 자취를 감출 것이다. 반면 당신이 조금이라도 유명해지기 시작하면 "감 놔라, 대추 놔라"라며 참견하는 사람들이 다시 슬금슬금 모여들 것이다. 하지만 당신의 인생은 당신의 것이다. 다른 사람과는 상관없다.

✦ 나를 평가할 수 있는 건 오직 나 자신뿐 ✦

내겐 사촌 여동생이 한 명 있다. 그녀는 졸업 후 작은 보험 회사에 들어갔다. 부모님께 보험 회사에 취직하게 되었다고 말했더니 얼굴을 들고 다닐 수 없다며 딸을 창피하게 여겼다. 만나는 사람들에게는 혹시 딸에게 소개해 줄 일자리가 없느냐고 물었다.

사촌 여동생은 보험 회사에 들어간 첫 일 년은 많이 힘들어했다. 하지만 이듬해 큰 계약을 두 건 따내면서 돈을 많이 벌기 시작했다.

그해 명절에는 VIP 고객을 데리고 여행을 가느라 고향에 내려오지 못했다. 그 고객은 여행길에 자그마치 2천만 원 상당의 큰 계약에 서명했다고 한다. 당시 사촌 여동생의 나이는 스물네 살이었다. 살면서 처음으로 그렇게 큰돈을 만져본 동생은 너무 놀랐다. 부모님께 용돈도 드리고 얼굴도 뵐 겸 부랴부랴 고향에 내려온 그녀에게 부모님이 또 잔소리를 하려고 하자, 그녀는 항공권을 내밀며 말했다. "엄마, 아빠. 싼야三亞로 가는 비행기표예요. 비즈니스 아니고 일등석 티켓이에요. 저랑 같이 가서 재미있게 놀고 오시는 거 어때요?"

싼야는 일 년 내내 20도 이상의 기온을 유지하는 따뜻한 휴양지다. 추운 겨울을 그곳에서 보내는 낭만을 어찌 즐기지 않을 수 있단 말인가. 싼야에 도착하자 고급 외제 차가 그들을 태우고 5성급 호텔로 향했다. 거기서 그들은 깨달았다. 보험 판매로도 돈을 많이 벌 수 있다는 걸.

그해 부모님은 친척들에게 새해 인사 전화를 돌리며 자랑스러운 듯 이렇게 말했다고 한다.

"우리 딸이 글쎄 싼야로 오는 일등석 비행기표를 끊어줬지 뭐예요. 올해는 여기 5성급 호텔에서 연휴를 보내려고요. 새해 복 많이 받으시고 다음에 봬요!"

부모님이 그 얘기를 할 때 만면에 미소가 떠나지 않았던 걸 동생은 잊을 수 없다고 했다. 보험 파는 일을 창피하게 생각했던 부모님의 평가 기준은 그녀가 돈을 벌어오자 달라졌다.

소위 사회적 지위라는 것은 돈 없이는 절대 올라갈 수 없다. 사촌 동생의 부모님은 새로운 평가 기준을 적용했다. 사회적 지위에서 점점 수입 위주로 딸의 직업을 평가하기 시작한 것이다. 사람은 본래 자신에게 유리한 대로 말하는 법이다. 부모님은 어딜 가나 딸에 대해 이렇게 말하기 시작했다. "우리 딸이 얼마나 효녀인지 몰라요. 앞으로는 매년 설을 싼야에서 보내게 생겼다니까요?"

우리의 평가 기준도 바뀌고 있다. 사회적 평가 체계는 다양하다. 하나의 기준으로만 당신의 직업과 상황을 평가하는 건 바보 같은 일이다. 겉으로는 별 볼 일 없어 보이는 직업이라도 돈을 많이 버는 일이 있는가 하면, 돈은 잘 못 벌지만 평판이 좋고 대우를 받는 직업들이 있다. 명예도 돈도 없지만 당사자가 행복한 직업도 있다.

얼마 전 알게 된 한 친구는 세계 방방곡곡을 다니며 '슬립 체험단' 일을 한다고 했다. 세계 각지의 유명 호텔, 특히 새로 오픈한 호텔에 가서 잠을 자보고 매트리스별로 평점을 매기는 게 주 업무라고 했다. 수입이 많진 않아도 매년 전 세계 50~60개국을 여행할 수 있고, 비행기표와 투숙비는 전부 무료라고 했다. 잠을 자보고 플랫폼에 후기를 남기기만 하면 되는데 일 년 스케줄이 이미 꽉 차 있다고 한다. 말하는 내내 그녀가 얼마나 행복해 보였는지 모른다. 젊은 나이에 그렇게 많은 곳을 여행할 수 있다니, 실로 그녀가 부러웠다. **사람의 평가 기준은 다양하다. 가장 중요한 건 평가의 기준은 변하지만, 나의 행복 기준은 변하지 않는다는 점이다. 타인의 시선에 너무 신경 쓰지 마라. 당신 인생은 당신 것이다.**

✦ 동일 패턴으로 인생을 속박하지 마라 ✦

청년들의 정신적 스트레스는 대부분 사회적 압력에서 비롯한다. 이 사회는 나이별로 고정적인 '패러다임'을 정해놓고, 거기에서 벗어나면 '루저' 취급을 한다. 초등학교 졸업 후에는 좋은 중학교에, 중학교 졸업 후에는 명문 고등학교에, 고등학교 졸업 후에는 명문 대학에 들어가야 하고, 대학 졸업 후에는 석사 공부를 하거나 좋은 회사에 취직해야 한다. 취업 후에는 결혼을, 결혼 후에는 아이를 낳아야 한다. 자식은 또 똑같은 패턴을 따라 살아간다.

일단 이런 '순환 고리'에 빠져들면 자아를 잃는다. 자신이 진정으로 하고 싶었던 게 뭔지 잊어버린다. 이런 생활 뒤에 숨겨진 아픔과 욕망을 사람들은 고통 속에 묻어놓는다. 거기서 헤어 나오기란 쉽지 않다.

과거에 사람의 생활 방식은 딱 세 가지 단계로 나뉘었다. 공부, 일, 은퇴. 그런데 과학기술이 발전하면서 인간의 수명은 100세까지 연장되었다. 만일 당신이 100세까지 산다면 이런 세 가지 단계를 '인생 구조'에 적용하는 게 적합할까?

사람은 저마다의 '인생 구조'를 지녔다. 마흔이 넘어서 결혼하는 사람도 있고, 쉰이 되어 캠퍼스로 돌아오는 사람도 있다. 이런 삶의 방식 속에서 만일 하나의 패턴으로 자신의 선택을 제한한다면 당신은 끝나지 않는 고통 속에 살아야 할 것이다.

인간에게 금기된 것은 하나다. 단일한 패턴으로 본인의 인생을 속박하는 것이다. 그런 식이면 지구에는 똑같은 모습의 인생을 사는 사람만 남을지도 모른다.

또 다른 사촌 동생에 관한 얘기다. 그녀는 스물다섯 살이지만 아직 미혼이다. 그녀의 고향은 벽촌이라, 세상의 흐름과는 무관하다. 아직 미혼이라는 상황은 그곳에서는 '대세를 거스르는', 있을 수 없는 일이다. 부모는 매일 그녀에게 결혼을 독촉한다. "남의 집 자식들은 벌써 애를 둘이나 낳고 잘 사는데 어째서 넌 아직도 결혼을 못 하는 거야! 대체 생각이 있는 거니?"

그녀는 베이징에 올라와 지내는 동안 우울해했다. 명절 때마다 고향에 내려가면 부모님이 대체 결혼은 언제 할 거냐며 잔소리를 늘어놓았기 때문이다.

그런데 재밌는 건 그녀가 일을 꽤 잘한다는 것이다. 스물다섯 살에 텐센트에 입사해서 서른에는 팀장까지 올랐었다. 연봉도 높은 편이었고, 회사 주식과 선물까지 보유하고 있었다. 서른에 텐센트에서 감원 정책을 시행했을 때는 2억 원이 넘는 보상금을 받고 나왔다. 퇴직금을 받았을 때는 누구보다 기뻤다. 본래 그 일을 계속할 생각이 없었기 때문이었다. 그녀는 몇 달간의 여행을 다녀온 뒤 창업을 했다. 지금은 열 명이 넘는 직원을 둔 기업의 대표로 일하고 있으며 SNS 채널도 운영 중이다.

매번 그녀의 SNS를 볼 때마다 행복해하는 모습에 같이 미소가 지어진다. 댓글에는 서른 살에 사업을 일구고 싱글로 자유롭게 살아가는 멋진 그녀의 모습을 본받고 싶어 하는 이가 많다. 비록 부모님과의 관계는 어떤지 물어보진 않았지만, 아마 그녀의 어머니는 딸의 SNS와 댓글을 분명히 보고 있을 거라고 생각한다. 딸을 응원하는 사람이 그렇게 많은 걸 알면 본인이 전에 했던 말과 태도를 반성하지 않을까?

이 시대에는 많은 변화가 일어나고 있다. 사람의 선택도 변한다. 하지만 사회의 고리타분한 관념들과 일방적인 삶의 패턴은 실시간 변화가 반영되지 않는 듯하다. 과거의 체계로는 새로운 삶의 방식을 정확히 평가할 수 없다. 여전히 낡은 체계대로 살고 있다면 변화한 경제 환경 속에 자신을 위한 몫은 없다며 사회를 원망하고 세상을 탓할지 모른다.

전통적인 생활 방식에 따라 사는 사람들은 늘 부모들이 했던 이야기와 똑같은 패턴을 지닌다. 그러다 일단 자식을 낳으면 모든 삶의 중심이 자녀로 전환되기 때문에 더는 할 얘기가 없다. 그들의 논리에 따르면 인생의 단계별로 해야 할 임무를 모두 완수했기 때문이다. 이제는 그 임무를 자녀 세대에게 물려주어 그들이 똑같이 완수하도록 압박할 것이다. 하지만 자식은 틀에 찍어내듯 생산하는 제품이 아니다. 각자 개성을 지닌 독립적인 인격체이다. 가령 단계별 임무를 완벽하게 완수한다고 치자. 그런 뒤 얻을 수 있는 결과는 무엇인가? 결국 똑같은 인생을 살아낸 무수한 인간만 대거 양산할 뿐이다.

✛ 나는 충분히 좋은 사람, 나에게 집중하라 ✛

당신을 가장 설레게 하던 그 일은 무엇인가? 생각만 해도 기분이 좋아지는 일은 무엇인가? 결과가 아닌 과정을 즐길 줄 아는 사람이 되어야 한다.

한번은 집에서부터 차를 몰고 리치먼드까지 운전해서 간 적이 있었다. 대략 한 시간 정도 걸리는 거리였다. 왜 그랬는지 그날은 조금 일찍 도착하고 싶은 마음에 과감하게 액셀러레이터를 밟아 시속 120km로 달렸다. 온 정신을 액셀러레이터를 밟은 발에 집중하면서 목적지를 향해 쌩쌩 달렸다. 그런데 도착하고 보니, 황당하게도 평소보다 겨우 3분 일찍 도착했다. 그리고 잇따라 날아온 것은 수백 달러의 벌금 딱지였다.

마지막으로 정말 마음에서 우러나온 네 가지 조언을 여러분과 나누고 싶다.

첫째, 당신의 감정에 집중하라

당신이 느끼는 것보다 더 중요한 건 없다. 어느 날 지구가 갑자기 폭발해 버린다면 유일하게 신경 써야 할 건 자신의 감정이다. 무슨 일을 하든, 어떤 직장에 다니든, 누구를 사랑하든, 누구와 같이 있든 당신의 감정이 가장 우선되어야 한다.

둘째, 과제와 분리하라

남들이 평가하는 건 그들의 몫이다. 당신은 당신이 할 일을 하면 된다. 나에 대한 자신의 평가가 가장 중요하다.

셋째, 구체적인 일에 집중하라

사람이 아니라 일에 집중하라. 타인의 평가에 포커스를 두지 말자.

넷째, 당신을 지지하고 인정하는 사람과 함께하라

세상에 당신을 반대하고 비난하는 사람도 얼마든지 있을 수 있다. 그들에게 에너지를 쏟기보다 당신을 지지하고 응원하는 사람과 일에 에너지를 집중하기 바란다. 당신이 앞으로 계속 나아갔으면 한다. 그러려면 감정을 소모하는 사람을 멀리하고 영양분을 채워주는 사람을 가까이해야 한다.

오래됐지만 난 아직도 기시미 이치로岸見一郎, 고가 후미타케古賀史健가 쓴 『미움받을 용기』(인플루엔셜, 2022)를 좋아한다. 이 책이 좋은 이유는 누군가 미움받을 용기가 있다는 건 그가 독립적인 인격체라는 걸 의미하며, 바로 이 독립성이라는 특성이 타인의 미움을 사게 한다는 걸 잘 설명하기 때문이다. 이러한 미움은 종종 개인의 용기에서 비롯하며 가장 가까운 사람에게서 올 수도 있다.

미움받을 용기를 갖고 당신 자신을 위해 살기 바란다.

'진정한 강자'는 바로 그런 사람이다.

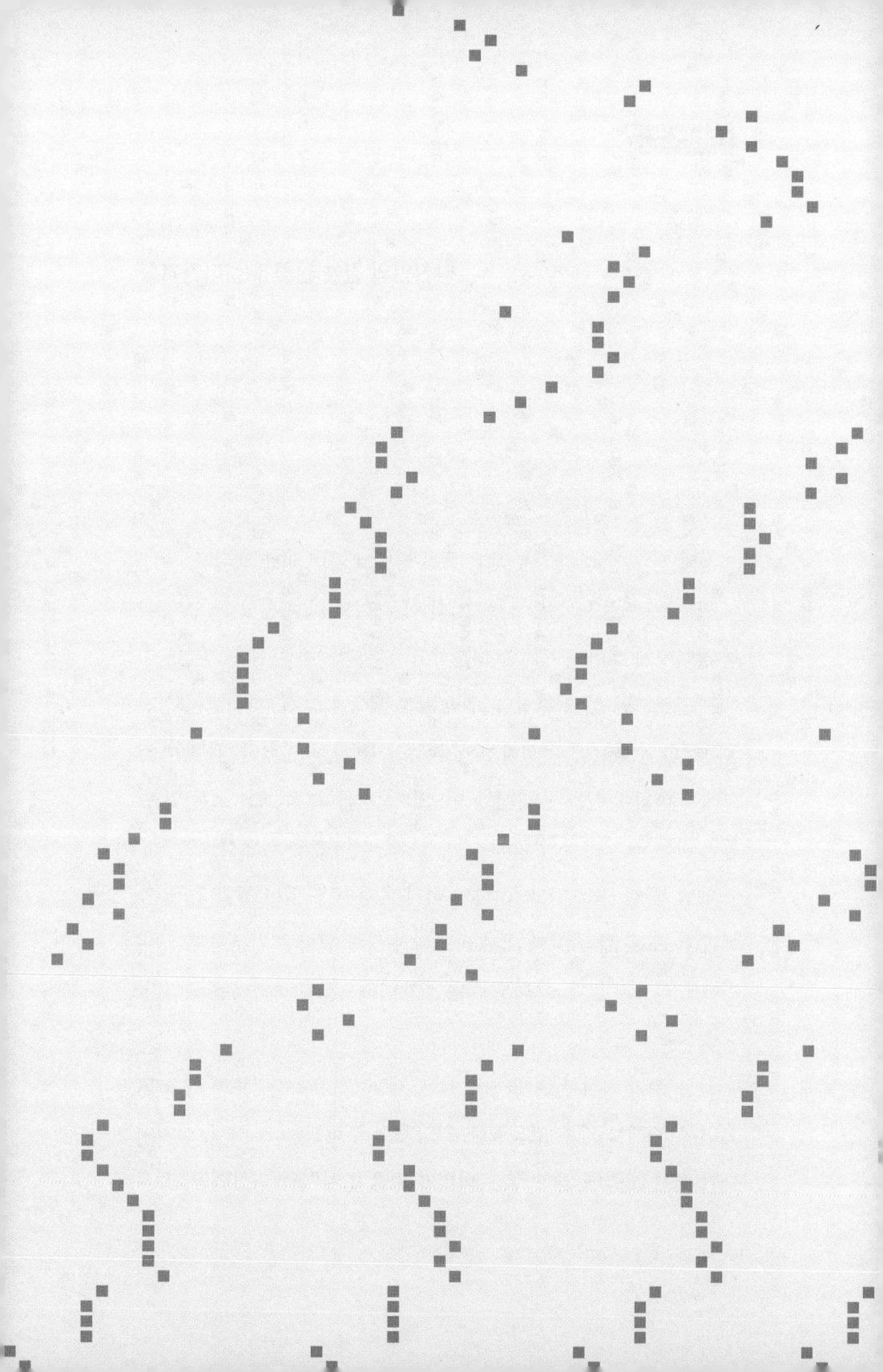

AI 시대,
당신만의 길을 올곧게 걸어가기를

정말 긴 시간 이리 부딪치고 저리 부딪쳐 가며 써낸 책이다.

책을 쓰는 일 년 동안 나는 거의 아무 일도 하지 않았다. 그저 이 책을 어떻게 쓰면 좋을지만 생각하고 또 생각하며 자신을 괴롭혔다. 이 에필로그만 해도 그렇다. 원래는 출판사에 일주일 내로 써서 전송하겠다고 했는데 완성하기까지 무려 한 달이 걸렸다. 다행인 건 그래도 마침내 원고가 내 손을 떠났다는 점이다. 이 책을 쓰는 일 년 동안 나는 내 마음을 성실하게, 정성껏 들여다볼 수 있었다.

매번 책 한 권을 다 쓰고 나면 머리가 텅 빈 느낌이 들었다. 내 안에 있는 모든 걸 쥐어짜 내서 바닥까지 탈탈 털어낸 기분이었다. 이번에도 다르지 않다. 그래도 이번엔 개인적으로 만족스러운 원고다.

글을 쓰기 시작한 지 올해로 11년 차다. 캐나다로 이주해 책을 읽으면서 20대를 자주 떠올렸다. 막막하고 무력했던 그 시절, 심지어 내가 하는 노력에 과연 무슨 의미가 있을지 자꾸만 의심했던 그 시절이 떠올랐다. 그러나 시간은 나를 계속 앞으로 나아가도록 등을 떠밀었고, 나는 한 걸음씩 내 길을 걸어 여기까지 왔다. 그 과정에서 조금씩 깨달았다. 이 세상에 절대 안전한 길이란 없으며, 누군가 날 위해 설계한 완벽한 길도 없다는 사실을. 나는 내가 걸어갈 길을 스스로 찾아야 하고, 필요하면 개척해야 하며, 때로는 모험도 감수해야 한다.

이런 생각을 하는 중에 마침 브리티시컬럼비아대학교UBC에서 양자역학을 공부하는 박사 친구와 '양자 얽힘'에 관해 이야기를 나누게 되었다. 그가 물었다.

"임의로 두 개의 양자를 얽히게 만들 수 있다면 말이야. 그럼 너는 지금의 너와 과거의 네 양자가 서로 얽힐 수 있다고 믿어?"

나는 잠시 멍해졌다. "평행이론을 말하는 거야?"

"맞아. 과거의 너와 현재의 네가 고개를 들어서 하늘을 봤더니 파란 하늘에 동그란 달, 동그란 태양이 떠 있는 거지."

"태양은 맨눈으로 못 보지. 얼마나 눈이 시린데!" 내가 웃으며 말했더니 그도 웃으며 맞장구쳤다.

"그러니까. 양자를 통해 과거의 너에게 정보를 전달하는 거야."

친구와 헤어지고 집에 돌아오는 길에 밴쿠버 해변에 한참을 서서 노을 지는 조지아 해협을 바라봤다. 찰랑거리는 파도 소리가 마치 오래된 고대의 비밀을 귓가에 속삭여 주는 듯했다. 석양에 반사되어 주황빛의 윤슬로 가득한 바다는 하늘에 떠 있는 별이 그대로 쏟아져 내린 듯 눈이 부시도록 아름다웠다. 순간 갑자기 그런 생각이 들었다. 과거의 나에게 한마디 해줄 수 있다면, 나는 무슨 얘기를 할까?

지체 없이 해주고 싶은 말이 머릿속에 떠올랐다.

'길이 잘 보이지 않아도 기억해. 너의 모든 걸음은 결국 새로운 방향으로 향한다는 걸 말이야. 새로운 기회가 눈앞에 있으니 포기하지 말고 버텨. 너만의 길을 멋지게 걸어봐.'

이 책은 과거의 나에게 바치는 장편의 서신이자 미래의 나에게 주는 해답이다. 그리고 앞으로 나아가길 소망하는 모든 이에게 바치는 글이다.

이론이나 원칙 같은 걸 말하고 싶지 않았다. "나 때는~"을 들먹거리며 모든 것을 경험한 듯한 어른 행세는 더더욱 하고 싶지 않았다. 그저 내가 많이 돌아서 온 그 길, 웅덩이와 진흙투성이였던 그 길을 여러분과 나누고 싶었다. 그리고 진짜 방향을 찾을 수 있게 도와준 방법들과, 각 영역의 선배들과 교류하며 얻은 새로운 깨달음과, 생각을 담아내려 노력했다.

이 책이 여러분이 가는 길을 밝혀주는 작은 등불이 될 수 있기를 소망한다.

새로운 길로 접어들면 도전과 장애물, 그리고 의심이 뒤따르기 마련이다. 심지어 뭘 어떻게 해야 할지 도저히 감을 잡지 못해 다 관두고 싶은 순간들이 올 것이다. 그러나 새로운 시대는 이미 시작되었다. 아직 선명하게 발자국을 남긴 사람들이 없을 뿐이다. 당신의 그 걸음걸음이 독특하고 아름다운 풍경을 만들어 낼 것이라 믿길 바란다.

다가오는 미래에 기회를 잡길 원하는 모든 사람에게 이 책을 바친다. 바라기로는 미리 시대의 트렌드를 읽어내 새로운 길로 나아갈 수 있기를. 새로운 방향을 찾아서 완전히 새로운 당신의 모습으로 살 수 있기를 진심으로 기원한다.

AI 시대 강자로 살아남는 법

펴낸날 2026년 4월 10일 1판 1쇄

지은이 리샹룽
옮긴이 하은지
펴낸이 金永先
편집 정아영
디자인 보통스튜디오

펴낸곳 알토북스
주소 경기도 고양시 덕양구 청초로10 GL 메트로시티한강 A1-1924호
전화 (02) 719-1424
팩스 (02) 719-1404
출판등록번호 제 13-19호

ISBN 979-11-94655-29-9(03190)

알토북스와 함께 새로운 문화를 선도할 참신한 원고를 기다립니다.
이메일 geniesbook@naver.com (원고 투고)